www.tredition.de

AF214860

Karin Storrer

Herbstwandern - Wanderherbst

Wandern in Lappland

www.tredition.de

© 2021 Karin Storrer
Fotos: Karin Storrer

Verlag und Druck:
tredition GmbH, Halenreie 40-44, 22359 Hamburg

ISBN
Paperback: 978-3-347-37920-6
Hardcover: 978-3-347-37921-3
e-Book: 978-3-347-37922-0

Für Lisa und Lukas,

*die mich so oft auf meinen
Wanderungen in
Schwedisch-Lappland
begleitet haben.*

Es ist September. Wieder einmal packe ich meinen Wanderrucksack. Wie schon so oft in den letzten Jahren.

Wie immer, wenn der September naht, befällt mich eine innere Unruhe. Ich habe Bilder vor Augen. Bilder von der bunten Herbstlandschaft Lapplands, von golden leuchtenden Birken, von klaren Seen und schneebedeckten Gipfeln. Und von den Begegnungen mit den Rentieren.

Ich sehne mich nach der Stille in der Weite der einzigartigen Landschaft Schwedisch-Lapplands.

Seit meinem ersten Schwedenbesuch sind schon fünfzig Jahre vergangen. Und ich komme immer und immer wieder in dieses Land. Das Land, das mittlerweile zu meiner zweiten Heimat geworden ist. Ich empfinde die Sehnsucht nach Schweden nicht als Fernweh, sondern eher als Heimweh.

Vom Süden bis in den hohen Norden habe ich das Land erkundet. Ich habe viele freundliche und hilfsbereite Menschen kennenlernen dürfen, ihre Lebenseinstellungen und Traditionen erleben können. Ich habe ihre Sprache gelernt, weil ich mich mit ihnen unterhalten und austauschen wollte. Und ich habe dadurch viele Freunde gefunden.

Irgendwann bin ich ganz im Norden, in Lappland, angekommen. Eine Reise nach Lappland war schon immer mein Traum und als er endlich Wirklichkeit wurde, war ich aufgeregt und voller Spannung, was mich in dieser nördlichsten Region erwarten würde.

Von einer schwedischen Familie mietete ich privat deren Haus in Abisko. Der Kontakt mit den Besitzern war sehr herzlich und sie stellten mir sehr vertrauensvoll ihr Haus zur Verfügung. Mitten zwischen goldgelb leuchtenden Birken lag es versteckt und ich fühlte mich dort sofort zuhause.

Jeden Tag startete ich zu einer Tageswanderung durch den Abisko-Nationalpark, suchte mir täglich neue Wanderrouten aus und war begeistert. Begeistert von der Landschaft, von der Weite und von der Stille, die über der Landschaft lag. Begeistert auch von der bunten Farbenpracht des Herbstes. Stundenlang konnte ich durch die Gegend streifen, hinter jeder Wegbiegung entdeckte ich etwas, das mich zum Stehenbleiben bewog. Ich bewegte mich in einem bunten Meer von Gräsern und Blüten. Hin und wieder flohen ein paar aufgeschreckte Schneehühner vor mir und zahlreiche Lemminge wuselten im Eiltempo vor meinen Füßen über den Pfad. Immer wieder schauten auch ein paar Rentiere neugierig zwischen den niedrig wachsenden Birken und Sträuchern hervor.

Mit allen Sinnen wollte ich diese Eindrücke genießen, setzte mich immer wieder mal auf einen Stein und ließ den Anblick auf mich wirken. Und schon nach meinem ersten Besuch hier war es um mich geschehen, ich kam immer wieder und das Haus meiner Vermieter stand immer für mich bereit.

Das Lappland-Virus hatte mich erwischt. Und es hat mich bis heute nicht mehr losgelassen.

Einige Jahre kam ich regelmäßig im September wieder und entdeckte jedes Mal wieder neue Pfade. Aber der Wunsch nach mehr, der Wunsch nach einer Mehrtageswanderung auf dem Kungsleden wuchs mit jedem Aufenthalt. Immer wenn mir auf meinen Streifzügen die Wanderer mit ihren großen Rucksäcken begegneten, dachte ich mir, so möchte ich auch gerne unterwegs sein. Nicht irgendwann wieder umkehren müssen. Einfach weiterlaufen, von morgens bis abends weiterlaufen. Abends in einer Berghütte oder im Zelt übernachten und der Natur ganz nahe sein. Aber ich war erstens schon in einem leicht fortgeschrittenen Alter und zweitens war ich solche langen Wandertouren einfach nicht gewöhnt, traute mir das nicht so recht zu. Aber der Wunsch verfolgte mich, wurde immer stärker und ließ mich nicht mehr ruhen. Irgendwann sagte ich mir: „Wenn nicht jetzt, wann dann"?

Und ich fing an zu planen. Eine Wanderung auf dem Kungsleden, dem Königspfad, sollte es sein. Auf diesem Pfad würde ich jeweils in Tagesetappen Übernachtungshütten finden. Ein beruhigender Gedanke, zu wissen, dass man abends ein Dach über dem Kopf haben würde. Insbesondere, da sich das Wetter im Fjäll ganz schnell ändern konnte.

Der Kungsleden, zu deutsch Königspfad, auf samisch Alisvággi, wurde im nördlichen Teil früher als Viehtrieb genutzt. Heute ist der Kungsleden ein 440 km langer Weg hoch oben in Schwedens historischer Provinz Lappland. Er beginnt in Abisko und endet in Hemavan. Oder umgekehrt, je nachdem, welche Laufrichtung man bevorzugt.

Schon Ende des 19. Jahrhunderts begann der schwedische Touristenverein -STF- mit der Ausführung des Wanderweges. Man wollte einen Wanderpfad durch das lappländische Fjäll anlegen, wusste aber nicht so recht, wie man es angehen sollte. In Anlehnung an die Planung der Eisenbahnstrecke zwischen St. Petersburg und Moskau, die von dem Sekretär Louis Améen auf eine Anregung des russischen Zaren hin sehr pragmatisch umgesetzt wurde, in dem er einfach mit dem Lineal einen geraden Strich zwischen den beiden Städten zog, taten es die Planer des Touristenvereins ihm gleich. Sie zogen mit dem Lineal einen geraden Strich zwischen Abisko und Kvikkjokk und legten so die Streckenführung fest. Es sollte ein mit Steinmännchen markierter Wanderpfad werden. Geplant waren Übernachtungshütten und, dort wo nötig, sollten Ruderboote zur Querung der Seen zur Verfügung stehen.

Im Jahr 1900 wurden unter der Leitung von besagtem Louis Améen drei geeignete Plätze für den Bau von Hütten bestimmt. Sie sollten zwischen dem Torneträsk und dem Wasserfall Stora Sjöfallet errichtet werden. Aber es sollte dann doch noch 40 Jahre dauern, bis das Vorhaben umgesetzt wurde.

Als der Verein auf stabileren Füßen stand, wurde das Hüttennetz erweitert.

In einem Bergführer, der vom STF 1914 veröffentlicht wurde, war von der Bezeichnung „Kungsleden" noch nicht die Rede. Der Zeichner und Fjällpionier Th. S. Gudjohnson bezeichnete ihn in seinem 1920 veröffentlichten und handgezeichneten Bergführer „Alesvaggeleden".

Erst 1925 stieg der STF ernsthaft in den Ausbau des Pfades ein. Pfadfinder halfen mit dem Bau von Steinmännchen, den sogenannten stenrösor, bei der Markierung. Bei der Einweihung der Fjällstation in Kvikkjokk 1928 wurde erstmals die Bezeichnung „Kungsleden" verwendet.

Weitere Hütten entstanden, alle in wegloser Wildnis gelegen, und das Interesse an Wanderungen auf dem Kungsleden wuchs. Anfang der 1950er Jahre beschloss man neue Richtlinien zu den Fjällwanderwegen und es wurde bestimmt, dass der Kungsleden von Abisko bis Ammarnäs gehen würde.

Mittlerweile genießt der Pfad auch international immer größere Aufmerksamkeit und die Anzahl ausländischer Wanderer steigt stetig.

Der amerikanische Schriftsteller und Philosoph Henry David Thoreau hat zu dem Wandern seine eigene Philosophie und drückt sie so aus: „Wer wandert, macht auf einer kurzen Strecke eine lange Reise".

Und auf dieser langen Reise bietet der Kungsleden den Wanderern eine Vielzahl von Eindrücken: blühende Heidewiesen und steile Abhänge. Sprudelnde Bäche verwandeln sich in reißende Flüsse. Der Weg führt durch wilde Berglandschaften mit engen Tälern und unzähligen Seen. Die weiten, baumlosen Hochebenen wechseln sich mit Wäldern ab und die weißen Berggipfel mit ihren Schneekuppen bilden die Hintergrundkulisse.

Nachdem ich nun den Entschluss gefasst hatte, den Kungsleden zu erwandern, begann ich, mich auch körperlich auf die erste Mehrtagestour vorzubereiten. Es ist etwas anderes, jeden Tag ein paar Stunden mit leichtem Gepäck durch die Landschaft zu streifen und abends die Annehmlichkeiten in einem Ferienhaus zu genießen, als Tag für Tag seine ganze Ausrüstung samt Proviant auf dem Rücken zu tragen. Aber jetzt wollte ich es wissen, wollte eine längere Zeit in dieser grandiosen Landschaft Lapplands unterwegs sein, die frühen Morgen beim Aufgehen der Sonne erleben, und die Abende mit ihrem besonderen Licht, mit etwas Glück sogar mit Nordlicht.

Um mich mit dem größeren Gewicht des Rucksackes vertraut zu machen, packte ich einfach Konservendosen hinein und marschierte damit in meiner näheren Umgebung wochenlang immer wieder bergauf und bergab, verlängerte allmählich die Wanderstrecke und von Zeit zu Zeit füllte ich weitere Dosen dazu, bis ich das geschätzte Tourengewicht erreicht hatte. Ich marschierte mit meinem Gepäck querfeldein über Stock und Stein. Kam abends müde, aber mit mir zufrieden nachhause und irgendwann dachte ich dann: jetzt kann ich es angehen.

Ich sprach mit meiner erwachsenen Enkelin Lisa, die schon wandererprobt war und auch schon früher eine Tour auf dem Kungsleden gemacht hatte. Sie war begeistert von meinem Vorhaben, sprach mir Mut zu und, das Beste, sie wollte mich bei der ersten Wanderung begleiten.

Schon allein die gemeinsame Planung der Tour machte viel Spaß. Wir waren schon vor dem Start ein gutes Team, ich schwedenerprobt, sie outdoorerprobt.

Wir hatten uns für die Etappe von Saltoluokta nach Kvikkjokk entschieden. Die Flüge wurden gebucht, die Bahnfahrt von Kiruna nach Gällivare ebenfalls. Und dann war es endlich so weit. Von Frankfurt über Stockholm flogen wir nach Kiruna und wollten noch am gleichen Abend mit der Bahn weiter nach Gällivare. Und da gab es schon das erste Problem. Lisas Rucksack war nicht mit nach Kiruna gekommen, sondern in Stockholm geblieben. SAS war sehr hilfsbereit, orderte uns ein Taxi zum Flughafen und spendierte uns ein Zimmer in Kiruna. Der Rucksack sollte mit der späten Maschine aus Stockholm kommen und zum Hotel gebracht werden.

Es wurde dann nach 23 Uhr abends, bis er bei uns abgeliefert wurde. Jetzt konnten wir beruhigt schlafen gehen und am nächsten Morgen nahmen wir den Zug nach Gällivare. Hier hatten wir noch eine Übernachtung vorgesehen und fuhren dann am frühen

Morgen des nächsten Tages mit dem Bus nach Kebnats, dem Startpunkt unserer Wandertour.

Fast hätten wir unseren Plan noch aufgeben müssen. Sechs Wochen vor der Tour musste ich eine Schulteroperation über mich ergehen lassen. Aber nicht um alles in der Welt hätte ich mich von meinem Vorhaben abbringen lassen. Wir machten öfter mal eine kurze Pause, gönnten meiner Schulter etwas Entspannung und alles ging gut.

Es spornte mich an, es spornte mich sogar so sehr an, dass ich, kaum zuhause, die nächste Tour plante. Und schon gleich eine etwas längere. Es sollte von Abisko nach Vakkotavare gehen. Und dieses Mal begleitete mich mein Enkel Lukas, ein sportlicher junger Mann. Es war eine lange Wanderung, aber jede Anstrengung wurde tausendfach wettgemacht durch die Naturerlebnisse, die uns so beeindruckten, dass wir in den Jahren danach immer wieder zusammen unterwegs waren.

Wir übernachteten in den Berghütten, verbrachten Nächte im Zelt, waren der Natur ganz nahe. Wir führten gute Gespräche, es gab viel zu lachen, aber wir konnten auch gut miteinander schweigen, wenn uns die beeindruckende Natur überwältigte. Und wir genossen es, auf die Stille um uns herum zu lauschen. Genossen das Glücksgefühl, wenn wir nach langer Etappe abends irgendwo ankamen und die Erlebnisse des Tages an unserem inneren Auge vorbeiziehen ließen, unsere Gedanken austauschen konnten.

Dieses Jahr bin ich ohne meine vertrauten Begleiter unterwegs. Die Anforderungen in Studium und Beruf ließen eine gemeinsame Tour dieses Mal nicht zu. Also ziehe ich alleine los, und zwar in dem Wissen, dass es vielleicht meine letzte längere Wanderung sein würde. Ich habe jetzt die 70 überschritten, es zwickt hier und zwickt da und lange Wanderungen werden immer anstrengender. Die Arthrose macht mir zu schaffen und schon bei der letzten Tour musste ich mit Schmerztabletten dagegen angehen. Das trübt die Wanderfreude. Und wie heißt es so schön: „Wenn es am schönsten ist, soll man aufhören."

Das heißt in meinem Fall, dass ich mich langsam damit vertraut machen muss, diese Mehrtagestouren aufzugeben. Ich möchte mir die schönen und erlebnisreichen Wanderungen in guter Erinnerung behalten. Ich möchte nichts erzwingen und dann mit einer Tour abschließen, die mir viele Probleme bereitet und damit auch nicht in allzu positiver Erinnerung bleiben würde. Vielleicht wird so aus meinen Herbstwanderungen nun mein Wanderherbst, der Herbst meiner Wandertouren.

Aber diese eine will ich unbedingt noch machen, die Kungsledenetappe von Ammarnäs nach Hemavan.

In umgekehrter Richtung bin ich sie vor Jahren zusammen mit meiner Tochter schon gegangen und ich habe sie in bester Erinnerung. Es war eine wunderschöne Herbsttour, jeder Tag bescherte uns strahlenden Sonnenschein. Nun will ich diese Tour noch einmal machen, aber in entgegengesetzter Richtung. Ich bin sicher, dass ich aus dieser Perspektive noch viel Neues entdecken werde, was mir beim letzten Mal verborgen blieb.

Wieder packe ich meinen Wanderrucksack. Wieder ist es September, mein Lieblingsmonat für Wanderungen im lappländischen Fjäll.

Die Wandersaison neigt sich dem Ende zu, die Hütten stehen kurz vor der Schließung und sind nicht mehr so stark belegt. Man begegnet nicht mehr allzu vielen Wanderern und kann die Stille und Einsamkeit auf der Wanderstrecke richtig genießen. Und vor allem, die im Sommer so lästigen Stechmücken haben sich bereits verabschiedet.

Aber das Schönste an diesem Monat ist, dass die Natur ihren bunten Farbentopf über der Landschaft ausgekippt hat. Alles leuchtet in bunten Herbstfarben. Vom flammenden Rot des Bodenbewuchses bis zu dem golden leuchtenden Laub der Birken kann man sich an allen Farbschattierungen erfreuen.

Nach frostigen Nächten glitzert morgens der gefrorene Tau auf den Sträuchern und über den Seen wabern die Morgennebel. Und nicht selten ist über Nacht schon leichter Schnee gefallen, der die Bergkuppen überzuckert hat. Wenn sich dann darüber noch ein blauer Himmel spannt, ist das Wanderglück vollkommen.

Ich starte meine Reise am frühen Morgen mit einem Flug von Frankfurt über Stockholm nach Östersund, der Residenzstadt von Jämtland.

Jämtland ist stark von der Kultur und Tradition der Sami geprägt. Und die Geschichte dieses indigenen Volkes interessiert und beschäftigt mich schon, seitdem ich nach Lappland komme. Ich bin tief in ihre spannende Historie eingestiegen und diese Geschichte beeindruckt mich. Es beeindruckt mich, mit welcher Stärke und Verbundenheit zu ihren Traditionen die samische Bevölkerung allen Widrigkeiten trotzte und noch immer trotzt.

Drei Jahre zuvor habe ich in Östersund an einem samischen Sommerkurs des samischen Kulturzentrums teilgenommen. Eine schwedische Freundin, die von meinem Interesse an der Geschichte der Samen wusste, hatte mich darauf aufmerksam gemacht. Ich telefonierte mit dem Leiter des Kulturzentrums, fragte, ob ich auch als Deutsche an der Veranstaltung teilnehmen könne. Er zeigte sich zwar überrascht, freute sich aber über mein Interesse und sagte mir die Teilnahme zu. Der Kurs sollte eine Woche dauern und ich war am ersten Tag zugegeben schon etwas nervös. Schließlich wusste ich nicht, was die samischen Kursteilnehmer davon halten würden, dass da eine Deutsche unter ihnen sitzen wird.

Bei der Einführung stellte sich jede und jeder mit wenigen Worten vor und als die Reihe an mich kam, war es mucksmäuschenstill im Raum. Alle wollten wissen, wer ich bin, woher ich komme und vor allem, warum ich hier bin. Auf ihre direkte Frage, wieso ich als Deutsche an diesem Kurs teilnehmen will und warum mich die Historie der samischen Bevölkerung so interessierte, antwortete ich: „Ich kann es nicht genau erklären, zumindest nicht mit dem Verstand. Vielleicht war ich in meinem früheren Leben Samin."

Unbeabsichtigt hatte ich damit alle Herzen gewonnen. Dabei hatte ich nur mein Empfinden in Worte gefasst Im Laufe des Kurses konnte ich tiefer in ihre Geschichte eindringen. Das Einst und Jetzt, die Sprache, die Religion, politische und gesellschaftliche Probleme offenbarten sich mir auf eine ganz direkte Art und Weise. Exkursionen führten zu samischen Kulturstätten, zu Rentierzüchtern, die uns willkommen hießen und freundlich bewirteten. Sie bereicherten die Besuche mit authentischen Berichten und Erzählungen. Und ich erlebte das alles nicht als Tourist. Ich war aufgenommen in die Gemeinschaft. Es entwickelten sich schöne Freundschaften. Sie vertieften meine Verbundenheit zu diesem Landstrich und zu diesem Volk.

In Gedanken an diese schönen Tage, die auch der Grund dafür waren, dass ich diese Anreiseroute gewählt habe, spaziere ich durch die Stadt, halte die Augen offen nach einem Restaurant, in dem ich meinen Hunger stillen kann. Es ist Samstagabend, ganz Östersund scheint auszugehen. Nach längerer Suche finde ich ein Plätzchen. Man weist mir einen kleinen Ecktisch zu, wohl der „Katzentisch", aber mir ist das egal. Ich will ja nur essen und mich nicht länger aufhalten. Das Essen schmeckt gut und ich mache mich zufrieden und satt auf den Weg zu meinem Hotel.

Ich bin müde nach dem langen Reisetag. Aber an Schlafen ist noch nicht zu denken. Zu viele Gedanken wirbeln in meinem Kopf. Habe ich alles dabei, was ich brauche? Wird zuhause alles in Ordnung sein? Ich bin meinem Mann sehr dankbar dafür, dass er sich zuhause um alles alleine kümmert, während ich weg bin. Und dass er meine Träume und Wünsche so unterstützt. Er weiß, dass mein Herz daran hängt und dass es mich zufrieden und glücklich macht, wenn ich wieder, wenigstens für ein paar Tage, in „meinem" Land sein kann

Was wird mich auf meiner Wanderung erwarten? Wird alles gut gehen? So ist das immer mit den Gedanken, sie lassen sich nicht ausschalten. Noch nicht! Die Zivilisation ist noch viel zu nahe. Der Kopf wird während der Wanderung erfahrungsgemäß immer freier und dann zählt nur noch das Hier und Jetzt.

Irgendwann in der Nacht übermannt mich dann doch noch der Schlaf, aber schon vor dem Weckeralarm um 6 Uhr bin ich wieder wach, hellwach. Ich packe meine Sachen zusammen und gehe leise die Treppen hinunter, um die anderen Gäste nicht zu stören. Es gibt so früh noch kein Frühstück im Hotel, aber beim Auschecken bekomme ich eine wohlgefüllte Frühstückstüte überreicht.

Es ist Sonntag, kurz vor sieben Uhr morgens. Ich bin allein unterwegs, die Stadt schläft noch. Über mir ein blauer Himmel, aber es weht ein kräftiger Wind durch die Straßen. Am Busbahnhof warten mit mir noch zwei weitere Personen, die recht verschlafen dreinblicken und ich denke, dass ich wohl nicht viel anders aussehen werde.

Vor mir liegt eine fast siebenstündige Fahrt bis Ammarnäs. Aber ich freue mich auch auf die Fahrt durch die herbstlich bunte Landschaft, die ich in aller Ruhe durch das Busfenster betrachten kann. Und für den Hunger unterwegs ist ja mit der gut bestückten Frühstückstüte aus dem Hotel auch bestens gesorgt.

Auf ruhigen Straßen ohne Verkehr lassen wir die Stadt hinter uns, folgen der Europastraße. Vorbei geht es an Wäldern, zwischen den Bäumen blitzt immer mal wieder ein kleiner See auf. Nur wenige Orte und vereinzelt liegende Gehöfte passieren wir. Durch eine bunte Herbstlandschaft rollen wir auf einer für deutsche Verhältnisse nahezu leeren Straße unserem Ziel entgegen.

In Strömstad gibt es an der Busstation eine kurze Toilettenpause. Der Busfahrer hält ein kleines Schwätzchen mit seinem Kollegen, der in die Gegenrichtung unterwegs ist und ich habe Zeit, mir wenigstens etwas die Beine zu vertreten, bevor es weitergeht.

Um die Mittagszeit erreichen wir das Reisezentrum in Storuman. Meine Frühstückstüte aus dem Hotel habe ich schon geplündert, aber ein Kaffee wäre jetzt nicht zu verachten. Ich versuche mein Glück im Stationsshop und werde fündig. Leider ist der Kaffee nicht sehr lecker. Er hat wohl schon zu lange auf der Heizplatte vor sich hingedümpelt. Ein Schuss Milch und ein Stückchen Zucker machen ihn einigermaßen genießbar. Ich trinke meine Tasse schnell aus, erstens weil der Kaffee nicht gerade ein Genuss ist und zweitens, weil der Busfahrer schon wieder das Startzeichen für die Weiterfahrt gibt.

Nach einer weiteren Stunde Fahrt kommen wir in Sorsele an. Hier habe ich 15 Minuten Zeit bis zur Abfahrt des Busses nach Ammarnäs, gerade genug, um noch eine Toilette aufzusuchen und schon fährt der Bus vor. Alles klappt problemlos, es gibt keine Verspätungen oder sonstigen Zwischenfälle und kurz vor 15 Uhr nachmittags fahren wir an der Bushaltestelle in Ammarnäs vor. Endstation!

Mit steifen Beinen steige ich aus dem Bus, schultere meinen Rucksack und mache mich auf den Weg zum Vandrarhem Ammarnäs Gården.

Das Hotel, dem das Vandrarhem angeschlossen ist, hat seine Pforten bereits geschlossen. Die Saison ist vorbei. Der Chef persönlich erwartet mich an der Rezeption, überreicht mir meinen Schlüssel und lässt mich wissen, dass das Restaurant geschlossen ist und auch kein Frühstück mehr angeboten wird.

Schade! Heute Abend wollte ich mich nochmal mit einem guten, nach Möglichkeit regionstypischen Essen verwöhnen lassen und gegen ein Frühstück vor dem Wanderstart hätte ich auch nichts einzuwenden gehabt. Also umplanen! Jetzt muss ich mich sputen, um im Ort noch kurz einen Abstecher in den Supermarkt zu machen und für mein Abendessen selber zu sorgen.

Das Vandrarhem ist gähnend leer und ruhig, fast gespenstisch ruhig. Ich bin der einzige Gast, bringe meinen Rucksack ins Zimmer und mache mich auf zum Supermarkt, der Gott sei Dank auch hier sonntags geöffnet hat.

Nach der Fahrt und dem langen Sitzen im Bus brauche ich unbedingt noch etwas Bewegung und so verbinde ich den Einkauf mit einem Erkundungsgang durch den kleinen Ort.

Die Sonne scheint, der Himmel ist strahlend blau, der Wind bläst kühl und ziemlich heftig. Wenn das Wetter so bleibt, kann ich mich auf eine angenehme Wanderung freuen. Aber erfahrungsgemäß kann das sich ganz schnell ändern.

Ammarnäs ist ein kleines Dorf mit rd. 105 Einwohnern. Früher hieß der Ort Övre Gautsträsk. Mit der neuen Poststation, die im Jahr 1895 eingerichtet wurde, erhielt er dann seinen neuen Namen, Ammarnäs. Bei der Lage des Ortes auf der Nase zwischen Vindelälven und Tjulån am Fuß des Ammarfjället lag diese Namenswahl nahe.

Dort, wo die beiden Flüsse zusammentreffen, hat sich ein Delta gebildet, das jedes Frühjahr wieder überschwemmt wird und damit wird es zu einem beliebten Platz für Wild- und Watvögel.

Mein erstes Ziel ist der „Potatisbacken", der Kartoffelhügel. Er wurde Mitte des 19. Jahrhunderts auf einer Moränenerhebung der vorigen Eiszeit angelegt. Man bepflanzte die Südseite des Hanges, weil man dachte, dass die kalten Nachtfröste nicht den Berg hinaufklettern können und der Moränenhang die Sonnenwärme der langen Sommertage bis weit in den Herbst hinein speichert. So bauen die Bewohner von Ammarnäs auch heute noch ihre Kartoffeln, speziell die kleinen Mandelkartoffeln, hier an. Jedes Jahr im Frühjahr wird mit einem kleinen Spektakel der Hang hergerichtet und schon kann die nächste Pflanzaktion starten.

Über den grasbewachsenen Pfad steige ich hinauf auf den Hügel. Der starke Wind bläst mir hier oben heftig um die Nase. Und stark ist auch der Ausblick über den Ort und das Delta.

Ich setze mich an den Abhang ins Gras, ziehe den Reißverschluss meiner Jacke bis zum Kinn zu und setze die Mütze auf. So eingepackt lasse ich meine Augen über das imposante Landschaftsbild schweifen. Das Wasser der beiden Flüsse, die dieses Delta bilden, glitzert und blitzt in der Sonne. Aus dem saftigen Grün der Wiesen stechen die roten Holzhäuser hervor. Der Wald im Hintergrund zeigt sein herbstlich buntes Laub, durchsetzt mit dem tiefen, dunklen Grün der Nadelbäume.

Nachdem ich vom Wind genug durchgepustet und es mir allmählich zu kühl wird, steige ich den Hang wieder hinunter. Auf dem Rückweg in den Ort komme ich an der Ammarnäs Kyrka, der Kirche von Ammarnäs, vorbei und lege einen kurzen Zwischenstopp ein.

Die Kirche wurde 1912 fertiggestellt und sie ersetzt die alte Lappkapelle, die 1858 erbaut wurde. Die aufwändige Dachkonstruktion und die Verkleidung mit Holzschindeln gibt ihr ein spezielles Aussehen. Ich umrunde das Gebäude und hätte gerne auch noch einen Blick in das Innere geworfen, aber leider ist die Tür abgeschlossen.

Auf der anderen Seite des Weges steht eine Reihe von Pfahlbauten, die meisten fensterlos. In früheren Zeiten wurde den Samen zur Auflage gemacht, an mindestens drei Kirchenwochenenden im Jahr den Gottesdienst zu besuchen. Sie kamen von weit her und damit sie irgendwo bleiben konnten, stellte man ihnen das Land zur Errichtung dieser Anlage, genannt Kyrkstaden oder Lappstaden, zur Verfügung. Sie wird heute von der Samenvereinigung unterhalten und gepflegt.

Im 17. und 18. Jahrhundert wurden die Samen zum Christentum bekehrt, man könnte fast sagen, zum Christentum gezwungen, und das oft mit viel Gewalt. Zwangstaufen und Todesstrafe waren keine Seltenheit.

Die religiösen Führer der Sami waren die Noaidi, die Schamanen, die sich mit ihrer Trommel in Ekstase spielten, oft bis sie umfielen. So nahmen sie Verbindung zu Göttern und Geistern auf, nahmen Kontakt mit dem Jenseits auf und brachten Rat und Hilfe für die Menschen mit.

Die Schamanen wurden umgebracht und ihre heiligen Trommeln wurden verbrannt.

Auf der Schamanentrommel wird die Welt der Samen dreigeteilt dargestellt. Oben ist der der Himmel oder die obere Welt dargestellt. Sie ist den Göttern vorbehalten. In der Mitte, der mittleren Welt, leben die Menschen und alle beseelten Wesen und Dinge. Unten ist die Unterwelt dargestellt, wo sich die Vorfahren und Toten aufhalten. Die drei Ebenen werden durch eine Säule verbunden und im Zentrum prangt die Sonne. Sie ist den Samen heilig, spendet sie doch Wärme und Licht.

In ihrer Mythologie gibt es die Erzählung von der Sonne, Bievje, als der Mutter der Samen. Sobald die ersten Sonnenstrahlen nach der langen, dunklen Winterzeit hervorkommen, erweckt Bievje die Vegetation zu neuem Leben. Sie lässt die Pflanzen wieder wachsen, die Ernährungsgrundlage für die Rentiere sind. Auch als Göttin der Fruchtbarkeit von Pflanzen und Tieren, natürlich besonders der Rentiere, wird sie verehrt. Bievvje wird gerufen, um Gesundheit für den Geist zu erbitten, sie hilft bei der Heilung von Geisteskrankheiten und Depressionen, die durch die langen und dunklen Winter entstehen.

Es gibt Lejbolmej, den Gott der Tiere und es gibt Beggeaolmej, den Gott des Windes. Er kommt mit kalten, milden oder eisigen Winden.

Sie lebten inmitten ihrer Götter und glaubten, dass alle Dinge, Menschen, Tiere, Flüsse, Berge, Bäume und Steine eine Seele hätten. Sie beteten die Sonne, die Erde und die Götter an. Sie waren das Volk der Sonne und des Windes.

Heute haben wir gelernt, dass die Sonne ein Stern ist, um den die Erde kreist. Das ist nichts Neues, in meinem Volk war die Sonne immer im Zentrum.

Wir wissen heute, dass Winde auf Grund von Hoch- und Tiefdruck in der Atmosphäre entstehen. Dieses Wissen hilft dem Rentierzüchter nicht viel, wenn Eiswinde kommen, die für seine Tiere ein Hungerjahr mit sich bringen.

Wir wissen viel über das Meiste, aber wenig über das Wichtige. Mein Vater hatte keine Ahnung, was Ökologie war. Er war ein Teil davon. Ich weiß, was Ökologie ist. Aber ich bin nicht mehr Teil davon"

John E. Utsi

Die Sonne hat sich hinter Wolken verkrochen. Der Himmel zieht sich zu und das Blau hat sich in ein dumpfes Grau verwandelt. Ich trete den Rückweg an, gehe auf der Straße neben dem Tjulån entlang und steige hinunter zum steinigen Ufer des Flusses. Auf dem groben Kies stehend folgen meine Augen dem Fluß, der friedlich dem Tjulträsk entgegenfließt. Er scheint nicht mehr blau, wie bei der Ankunft, sondern fließt in trübem Grau dahin. Ein Blick zum Himmel zeigt auch warum. Die Wolken werden immer dunkler, die Sonne ist verschwunden und es wird Zeit für mich, meine Unterkunft anzusteuern. Nass will ich heute Abend nicht mehr werden.

In der Küche des Vandrarhems packe ich meine Einkäufe aus und richte mein Abendessen. Es ist so still um mich herum, dass das Geklapper des Geschirrs schon fast als Ruhestörung empfunden werden könnte. So allein in dem großen, leeren Gebäude wirkt die Stille beinahe ein bisschen unheimlich. Dann entdecke ich das kleine Radio auf dem Schrank und schalte es ein, um mich etwas von der Musik berieseln zu lassen und mich nicht ganz so allein zu fühlen. Während ich am Küchentisch sitze und esse, wird es draußen immer trüber und schon bald fängt es an zu tröpfeln.

Nach dem Essen bringe ich die Küche wieder in Ordnung und gehe dann in den Aufenthaltsraum. Dort gibt es einen Fernseher und ich möchte mir gerne noch die Wettervorhersage ansehen. Hauptsächlich interessiert mich natürlich das Fjällwetter. Und die Vorhersage ist nicht so rosig. Am weiteren Programm bin ich nicht interessiert und breite, zum ich weiß nicht wievielten Male, meine Wanderkarte aus, verfolge mit dem Finger meinen Weg. Es ist der letzte Abschnitt des Kungsleden, 78 km von Ammarnäs nach Hemavan.

Dieser Abschnitt führt durch das Naturreservat Vindelfjällen. Es ist mit 5500 qkm eines der größten Naturreservate Europas und wurde 1974 unter Schutz gestellt.

Laut dem Wanderführer von Claes Grundsten, dem Fotografen und Fjällkenner schlechthin, kann man auf diesem Abschnitt alle Seiten des schwedischen Fjälls erleben. Die Landschaft bietet von riesigen Wäldern, baumloser Tundra, zahlreichen Seen bis zu alpinen Gipfeln und kleinen Gletschern alles, was das schwedische Fjäll ausmacht. Und neben Elchen, Rentieren und Moorschneehühnern sind dort auch Braunbären und Vielfraße zuhause. Aber letzteren möchte ich lieber nicht begegnen.

Der Regen hat an Stärke zugenommen. Ich liege im Bett, lausche auf die unbekannten Geräusche. Da ist das Knacken des Holzes in dem großen Haus, das Anspringen des Kühlschranks in der nebenan liegenden Küche. Der starke Wind lässt die Äste der am Haus stehenden Büsche an der Hauswand kratzen. Und da ist das Geräusch des Regens. Sein gleichmäßiges Trommeln auf das Blechdach macht mich schläfrig. Ich döse ein, wache nachts einige Male auf und es ist nicht zu überhören, es regnet noch immer.

Schon am frühen Morgen bin ich wieder munter und nichts hält mich mehr im Bett. Ich will jetzt endlich losmarschieren. Momentan regnet es nicht mehr, aber ein Blick aus dem Fenster verheißt nichts Gutes. Es ist diesig, schwere Wolken hängen tief ins Tal. Alles ist triefnass.

Eigentlich könnte ich es langsam angehen lassen, es sind nur 8 km bis Aigert, aber es sind auch einige Höhenmeter zu überwinden und ich traue dem Frieden nicht, befürchte, dass es bald wieder regnen wird.

In der Hoffnung, noch ein gutes Stück trocken voranzukommen beschließe ich, zügig zu starten. Ich richte mir ein Frühstück, fülle meine Thermosflasche mit heißem Tee, schnüre mein Bündel und mache mich auf den Weg zur Rezeption. Die ist noch geschlossen und ich werfe den Schlüssel in den Brief-kasten. Meine gebrauchte Bettwäsche hänge ich in einer Plastiktüte an die Tür und marschiere los.

Der Potatisbacken - Kartoffelhügel

Blick vom Potatisbacken auf Ammarnäs und das Delta

Von Ammarnäs nach Aigert

Ca. 8 km

Ein kühler, kräftiger Wind bläst mir entgegen. Die Luft ist schwer von Feuchtigkeit. Im Ort ist noch alles ruhig, als ich zurück zur Hauptstraße, vorbei an der Bushaltestelle und über die Brücke des Tjulån marschiere. Nach wenigen hundert Metern auf der Straße zweigt ein Weg nach rechts ab. Der Zugang zum Kungsleden ist gut ausgeschildert, man kann ihn nicht verfehlen. Nachdem ich einen Parkplatz passiert habe, lasse ich endlich die Zivilisation hinter mir.

Der Pfad führt aufwärts, rechts und links gesäumt von knorrigen Kiefern. Er ist nass, sehr nass und voller kleinerer und größerer Pfützen. Ich versuche sie zu umgehen, aber es gelingt nicht immer. So stapfe ich bergan. Weit komme ich nicht, da öffnet der Himmel schon wieder seine Schleusen und schickt dicke Tropfen herunter. Den Rucksack habe ich schon vor dem Abmarsch regendicht verpackt und ich stecke auch schon in Regenkleidung.

Ich ziehe die Kapuze über den Kopf und denke ich mir, das hätte nun wirklich nicht sein müssen. Noch ein paar Kilometer wenigstens von oben trocken wäre schön gewesen.

Der Pfad wird enger, das Gebüsch und die Bäume rücken näher. Über mir liegt schwer eine graue, dicke Wolkendecke und ich fühle mich schon etwas eingeengt. Die Augen auf den Boden gerichtet, setze ich die Füße zwischen die nassen Steine, umrunde die Pfützen.

Irgendwann öffnet sich der Wald etwas. Ich bleibe stehen, schaue in Richtung Ammarnäs. Aber die tiefhängenden Wolken und der Nebel lassen nur schemenhaft ein paar Häuser im Tal erkennen. Wenn ich zurückdenke an die Tour vor 4 Jahren, als ich in strahlendem Sonnenschein von Aigert herunter nach Ammarnäs ging, hatte ich hier eine wunderbare Aussicht.

Ich sage mir, es kann nur besser werden und da muss man halt durch. Auch ein Scheibenwischer für meine ständig nasse Brille wäre jetzt von Vorteil.

Irgendwann wird es etwas lichter, ich komme in einen Birkenwald. Die Leichtigkeit des Birkenwaldes gegenüber den schwerfälligen Kiefern wirkt sich auch auf die Stimmung aus. Ich habe das Gefühl, ich kann wieder besser atmen, habe mehr Luft, kann den Himmel wieder sehen. Auch wenn er grau und trübe ist.

Eine breite Schneise zwischen den Bäumen tut sich vor mir auf und dann reißt auch die Wolkendecke etwas auf. Der Nebel hängt nur noch in Fetzen im Tal. Ich wusste ja, es kann nur besser werden.

Weiter gehe ich, dem Rauschen eines Baches entgegen. Eine kleine Holzbrücke führt über den munter über die Felsnasen ins Tal sprudelnden Slagerbäcken.

Ich folge dem Pfad weiter durch den Birkenwald und irgendwann höre ich schon von weitem ein Rauschen und Dröhnen. Der Ruovdatjjuhka kündigt sich lautstark an. Durch eine beeindruckende Felsspalte stürzt er sich mit einer Fallhöhe von 10 Metern den Berg hinunter. Auf der Brücke stehend verfolge ich seinen Weg ins Tal, schaue in den Wasserfall und in seine schäumenden Kessel.

Ich nutze die Gelegenheit und packe meinen heißen Tee aus. Der tut jetzt richtig gut bei der feuchten Kühle, die mich umgibt. Aber lange hier stehen möchte ich nicht, es ist mir einfach zu viel Wasser: von oben kommt der Regen, unter mir rauscht der Wasserfall. Also hucke ich meinen Rucksack wieder auf und marschiere weiter. Schräg geht es einen Hang hinauf. Auf einem breiten Absatz angekommen, ist der Blick auf das Ammarfjäll und das

Tjulträskdalen frei. Durch die Wolkenschleier erkenne ich jetzt sogar einige Häuser und Gehöfte im Tal.

Ich hätte auch durch das Tjulträskdalen gehen und mich mit dem Boot über den See bringen lassen können. Dieser Weg hätte mich direkt zur Servestuga geführt. Damit hätte ich Aigert ausgelassen und mir die Pässe erspart, die auf dem Weg von Aigert nach Serve zu überwinden sind. Ich muss zugeben, dass ich zuerst mit dieser Möglichkeit geliebäugelt habe, aber die Etappe über das Kahlfjäll wollte ich mir dann doch nicht entgehen lassen, auch wenn sie mit Anstrengungen verbunden ist. Außerdem fühle ich mich oben in den Weiten des Kahlfjälls freier.

Kilometerweit marschiere ich nun auf einem bewaldeten Absatz weiter. Ich gehe an einer steilen Kante entlang nach Norden, meine Füsse streifen durch das nasse Gras, mit dem der Pfad nun bewachsen ist. Und sie werden langsam müde. Ich schaue auf meine Wanderkarte und sehe, dass ich den größten Teil des Weges hinter mir habe. Schon bald müsste die Aigert-Stuga zumindest in Sicht kommen. Aber vorher ist noch ein rasanter Anstieg zu bewältigen.

Gestärkt mit einem Schoko-Riegel mache ich mich an den anstrengenden Anstieg. Endlich, die Kuppe ist erreicht und ich sehe mein Ziel in nicht allzu weiter

Entfernung vor mir liegen. Die Aigert Stuga liegt am Fuße des für die Samen heiligen Berges Äjvesajvvie, der mit seinen 1250 m Höhe die letzten Meter bis zur Hütte bestimmt.

Es ist früher Nachmittag, als ich nass, durchgeblasen und müde die Treppe zur Hütte hinaufsteige. Und schon öffnet sich die Tür. Der Stugvärd, der Hüttenwart, hat mich bereits kommen sehen. Ich werde herzlich begrüßt und er nimmt mir den Rucksack ab, damit ich mich aus meinen nassen Regenklamotten schälen kann. Ich hänge alles in den Trockenraum, in dem es schön warm ist und bekomme dann zur Begrüßung ein Glas warmen Preiselbeersaft überreicht.

Da ich der einzige Gast bin, kann ich mir ein Zimmer und ein Bett aussuchen. Die Hütte hat nur noch für drei Tage geöffnet, dann ist die Wandersaison vorbei. Aber für späte Wanderer ist dann doch immer noch ein sogenannter Notraum geöffnet. Offiziell öffnen die Hütten erst wieder für die Wintersaison.

Der Ofen in der Küche, die auch Aufenthaltsraum ist, ist angeheizt und strahlt eine wohlige Wärme aus. Ich richte schnell mein Bett, tausche die Wanderkleidung gegen bequeme Jogginghosen, mache mir einen Kaffee und setze mich ans Fenster. Und ich bin rundum zufrieden. Die müden Füße können ruhen, ich kann gemütlich meinen Kaffee trinken, knabbere ein paar Kekse dazu und schaue hinaus in die trübe Landschaft. Und freue mich, jetzt hier in der kuscheligen Stube sitzen zu können.

Das Stugvärd-Ehepaar gesellt sich zu mir zu einem kleinen Plausch. Auch sie haben ihre Kaffeebecher dabei und es entspinnt sich eine rege Unterhaltung. Sie meinen, sie seien froh, dass endlich jemand gekommen sei, bevor ihnen bei dem trüben Wetter und dem Regen die Decke auf den Kopf fallen würde. Und ich bin auch froh, mich etwas mit ihnen unterhalten zu können. Sie haben viel zu erzählen, haben sie doch in der Zeit, in der sie hier die Hütten betreuen so viele unterschiedliche Menschen kennengelernt. Und sie mussten mit den unterschiedlichsten Charakteren klarkommen. Vor allen Dingen kann man von diesen absoluten Fjällkennern zahlreiche Tipps bekommen, die auf den Wandertouren sehr nützlich sein können.

Jetzt freuen sie sich erst einmal wieder auf Zuhause. Aber sie freuen sich auch auf die nächste Saison, in der sie wieder in einer der Hütten Dienst machen werden. Viele von ihnen sind schon seit Jahren dabei, nicht immer in den gleichen Hütten, aber immer in ihrem geliebten Fjäll. Sie lieben das einfache Leben so nahe an der Natur.

Vor lauter Erzählen haben wir nicht bemerkt, dass die Wolkendecke aufgerissen ist und tatsächlich ein kleines Stück blauer Himmel sichtbar wird. Ich überlege, ob ich nicht die Kamera schnappen und versuchen soll, bei dem schönen Licht noch ein paar Fotos draußen zu machen. Aber dazu komme ich erst gar nicht, denn so schnell wie das Gewölk aufreißt, so schnell schließt es sich auch wieder zu einem dichten Grau. Wir werden sehen, was das Wetter noch an Überraschungen für mich bereithält.

Am Abend heizt der Stugvärd die Sauna am Ufer des Sees an. Ich vertrage zwar keine Saunahitze, nutze aber gerne die Möglichkeit, mich in dem mollig warmen Vorraum mit warmem Wasser waschen zu können. Es ist doch um einiges angenehmer als die Abendtoilette im Regen am kalten See. Ich lasse mir Zeit, genieße die Wärme und bevor ich gehe, lege ich noch ordentlich Holz nach, damit es das Stugvärds-Paar auch noch schön warm hat.

Langsam meldet sich nun auch der Hunger. Ich kaufe im Shop des Hüttenwarts eine Packung Nudeln und eine Dose Pastasauce für mein Abendessen. Und ich finde in seinem Bestand auch noch eine Dose Norrlands Guld Bier. Die perfekte Einschlafhilfe!

Viele der Berghütten bieten mittlerweile einen kleinen Proviantverkauf an. Es gibt in erster Linie haltbare Lebensmittel wie Nudeln und Reis sowie Konserven und Toilettenartikel zu kaufen. Für Naschkatzen hat er auch Schokolade und Kekse im Angebot. Diese kleinen Shops sind ein großer Vorteil, muss man doch nicht seinen Proviant für die ganzen Wandertage mit sich schleppen. Es ist zwar etwas teurer hier, aber wenn man bedenkt, unter welchen Umständen und mit welchem Aufwand die Waren hierhergeschafft werden müssen, kann man das auch verstehen.

In aller Ruhe mache ich mein Abendessen. Die Küche gehört mir allein und es gibt kein Gedränge um die Kochstellen und keine Enge bei der Auswahl der Töpfe.

Am Fenster sitzend lasse ich es mir im Schein einer Kerze schmecken. Die Dunkelheit kommt schnell. Im Licht meiner Stirnlampe bringe ich die Küche wieder in Ordnung, trinke mein Bier und kuschele mich dann zufrieden und satt in mein Bett, um noch etwas in dem mitgebrachten schwedischen Krimi zu lesen. Hoffentlich verfolgt mich das Geschehen heute Nacht nicht im Traum.

Es regnet und der Wind bläst heftig um die Hütte. Die Nacht wird mit 2 Grad richtig kalt. Der Weg zum Utedass, dem Plumpsklo, ist relativ weit. Da will man nachts bei dem Wetter nicht unbedingt raus. Aber es lässt sich halt nicht immer vermeiden. Für den nächtlichen Toilettengang packe ich mich warm ein und bin froh, als ich wieder unter die warme Decke kriechen kann.

Außer dem Heulen des Windes ist es eine ruhige Nacht. Niemand rumort und niemand schnarcht. Trotzdem kann ich nicht so gut schlafen, denn ich frage mich beunruhigt, ob sich das Wetter bis morgen noch bessern wird oder ob es weiterhin regnen und stürmen wird. Ich habe eine lange und anstrengende Etappe vor mir und sollte eigentlich wenigstens noch eine Mütze Schlaf kriegen. Nachdem ich mir klar gemacht habe, dass ich an dem Wetter ohnehin nichts ändern kann und es nehmen muss, wie es kommt, schlafe ich irgendwann ein.

Start in Ammarnäs in einen trüben Morgen

Der Slagerbäcken

Das Sumpfgebiet vor der Aigerthütte

Die Aigerthütte in Sicht

Am frühen Morgen wache ich auf und mein erster Blick aus dem Fenster macht Laune: der Himmel ist blau, nur einzelne Wolken ziehen schnell dahin und, das Beste, es regnet nicht mehr. Das freut mich besonders, denn meine heutige Etappe nach Serve ist 19 km lang und wird mit langen, starken Steigungen auch anstrengend werden.

Der Stugvärd hat mich am Vorabend schon darüber informiert, dass Nisse in der Servestuga der Stugvärd ist. Nisse ist ein Urgestein und ich habe ihn bei einer meiner früheren Wanderungen schon kennengelernt und freue mich, ihn wiederzusehen.

Nach einem kurzen Frühstück packe ich meine Sachen zusammen und muss erstaunt und erfreut feststellen, dass der Stugvärd meine Schuhe im Trockenraum mit Zeitungspapier ausgestopft hat, damit sie gut trocknen. Ich bedanke mich bei ihm für die Fürsorge und breche dann zügig auf.

Die Hüttenwirte verabschieden mich an der Tür und wünschen mir alles Gute für die Tour. Noch ein letztes Winken und ich mache mich auf den langen Weg mit Ziel Serve-Stuga.

Von Aigert nach Serve

Ca. 19 km

Mir bläst ein heftiger Wind ins Gesicht. Für die Richtung, in die ich heute marschieren muss, ist das weniger angenehm, da hätte Rückenwind mir vielleicht etwas den Berg hinaufgeholfen. Dieser Gegenwind wirkt da eher bremsend und ich muss mich jetzt wohl nicht nur hoch auf die Pässe kämpfen, nein, ich muss auch noch gegen den Wind ankämpfen.

Zunächst stapfe ich durch sumpfiges Gelände und bahne mir meinen Weg durch viel mehr oder weniger dicht stehendes, vom nächtlichen Regen auch noch sehr nasses Weidengestrüpp. Die Holzbohlen, die den empfindlichen Untergrund schützen sollen, sind an vielen Stellen überspült. Die Wanderstöcke muss ich vor mir am Körper tragen, denn der Pfad ist so schmal, dass ich mit ihnen immer wieder im Gestrüpp hängen bleibe. So marschiere ich dem Berg entgegen, auf einem langgezogenen Hang hoch dem Uhtsa Aigert-Pass zu.

Größere und kleinere Rinnsale bahnen sich ihren Weg über den Pfad, aber wenigstens kommt heute keine Nässe von oben. Kräftig schnaufend steige ich den Berg hinauf. Der Anstieg ist anstrengend und gerade das letzte Stück sehr steil.

Immer wieder muss ich stehen bleiben, durchatmen mich in alle Himmelsrichtungen umschauen. Die Sicht ist klar und der Blick kann über diese immer wieder beeindruckende Weite der Landschaft schweifen. Die Aigert-Hütten unten werden kleiner und kleiner, je höher ich den Berg hinaufkomme. Irgendwann sind sie dann ganz verschwunden.

Der Himmel spannt sich in einem strahlenden Blau über mir, nur wenige weiße Wolken sind in das Blau getupft. Ich lasse mich auf der Passhöhe zu einer kleinen Verschnaufpause nieder. Es weht hier oben ein kräftiger Wind und ich ziehe einen warmen Pullover unter meine Jacke, denn durch den Anstieg bin ich so gut aufgeheizt, dass ich schnell frieren und mir vielleicht auch noch eine Erkältung einfangen würde. Das wäre wirklich das Letzte, was ich gebrauchen könnte.

Nachdem ich mich etwas gestärkt habe, gehe ich auf einem Hang ein Stück in nördliche Richtung. In einem flachen Talkessel blitzt der See Tjålmure unter den Sonnenstrahlen. Auf teilweise sehr steinigem Untergrund wandere ich dahin, überquere große Felsplatten. Der steinige Boden wechselt immer wieder mit niedrig wachsender Heidevegetation, auf der das Gehen weniger anstrengend ist.

Diese karge Landschaft wirkt fast schon geheimnisvoll und nahezu gespenstisch. So ungefähr stelle ich mir eine Wanderung in einer Mondlandschaft vor. Aber, auf dem Mond wird es keine Rentiere geben. Mir begegnen dagegen immer wieder größere oder kleinere Rentiergruppen. Sie beobachten mich aufmerksam. Ich verhalte mich ganz still, gehe langsamen und ruhigen Schrittes weiter, um sie nicht bei ihrer Futtersuche zu stören. Aber sie machen einen recht unaufgeregten Eindruck.

In angemessener Entfernung zu ihnen setze ich mich auf einen Stein und beobachte sie. Sie äsen entspannt weiter, sind sie doch Begegnungen mit Menschen gewöhnt.

Die Rene wandern frei in der Wildnis umher, folgen bei ihren Wanderungen jahrhundertealten Mustern. Die Sami haben ihre ganz eigene Art, mit den Renen umzugehen. So passen sie das Tier nicht ihren Bedürfnissen an, sondern umgekehrt, der Mensch passt sich dem Tier an. Wo das Tier seine Nahrung und ein für es angenehmes Klima findet, dahin folgen sie ihm. Im Rhythmus der Jahreszeiten folgen sie ihren Tieren zu den Weideplätzen. Im Winter sind die Tiere eher in den Kieferwäldern der südlichen Regionen zu finden. Dort fressen sie trockene Flechten. Mit ihren spreizbaren Zehen kratzen sie die dünne Schneedecke auf, um an das Futter zu kommen.

In den Monaten April und Mai wandern sie nordwärts und legen dabei oft eine Strecke von 200 bis 300 Kilometern zurück. In ihrem sogenannten Frühlingslager machen sie Zwischenstation, um ihre Kälber zur Welt zu bringen.

Mit Beginn der Schneeschmelze und den ersten wärmeren Sonnenstrahlen ziehen sie in die höheren Lagen, ins Fjäll. Hier bleiben sie von den lästigen Stechmücken verschont und finden auf den baumlosen Heideflächen die besten Kräuter.

Im Sommer wird die weitverstreute Herde dann in einem Gatter zusammengetrieben und die Kälber werden markiert. Jeder Besitzer kennzeichnet sein Jungtier mit einer eigenen Art des Schnittes im Ohr. Rund 10000 verschiedene Schnitte sind in Schweden registriert. Es wird wohl Außenstehenden immer ein Rätsel bleiben, wie es die Sami schaffen, in den Riesenherden ihre eigenen Jungtiere zu erkennen.

Nach der Herbstwanderung steht dann ein Fest an, die Rentierscheidung. Hierbei werden die Tiere in ein Gehege getrieben und auf ihre Besitzer verteilt. Die Tiere, die zum Schlachten vorgesehen sind, meistens einjährige Stiere, werden ausgesondert. Der Züchter erkennt mit geschultem Auge in der im Kreis galoppierenden Herde sein Tier und fängt es mit einem treffsicheren Lassowurf ein.

Diese Gehege begegnen einem immer wieder einmal während der Wanderungen.

Die Sami, die Rentiere züchten, leben in Verbänden, den Siìda. Sie bestehen aus mehreren Familien, die zusammen eine Wirtschaftseinheit bilden. Gemeinsam ziehen sie mit ihren Tieren, die zusammen in einer Herde gehalten werden, von Weideplatz zu Weideplatz.

Heute leben sie an ihren Winter- oder Sommerplätzen nicht mehr wie früher in Zelten, den Koten, sondern fast jede Familie hat dort ein kleines Haus oder eine Hütte. Auch die lange Reihe von Rentierschlitten, die Rajd, die Menschen und ihren Hausrat zu den Sommer- oder Winterlagern brachte, gibt es nicht mehr. Heute wird der Transport motorisiert durchgeführt. Auch die Rentierhirten sind heute nicht mehr mit ihren Skiern unterwegs zu den Tieren, sondern fahren mit Motorschlitten oder geländegängigen Fahrzeugen. Um die Herden zusammenzutreiben werden sogar Helikopter eingesetzt. So hat die Technik auch hier oben die traditionellen Abläufe erobert.

Die Rene ziehen weiter, ich schultere meinen Rucksack, ziehe auch weiter. Es liegt noch eine lange, anstrengende Strecke vor mir und ich kann es mir nicht erlauben, mich in Gedanken zu verlieren.

Ich ziehe weiter durch diese karge und einsame Landschaft und erreiche nach einigen Kilometern eine kleine Anhöhe und vor mir liegt der nächste Pass. Hier finde ich eine Rastschutzhütte und sogar ein Plumpsklo ist vorhanden.

Die Füße sind müde geworden, das Gehen auf dem Pfad mit den vielen großen und kleinen Steinen ist sehr unrhythmisch und strapaziert die Fußgelenke. Ich beschließe, in der Rasthütte kurz Schutz vor dem Wind zu suchen und etwas auszuruhen.

Aber ich bekomme kaum die Tür auf. Der heftige Wind drückt kraftvoll dagegen und ich muss mit ganzer Kraft ziehen. Es reicht gerade mal so, um schnell durchzuschlüpfen, schon schlägt sie der Wind wieder hinter mir zu.

Es ist kalt hier drinnen und die Luft ist feucht. Nicht gerade gemütlich, aber ich setze mich auf eine Bank, strecke die Beine aus und genehmige mir einen Müsliriegel und einen Becher Tee. Aber schnell beginne ich zu frösteln und mache mich wieder auf den Weg, auch wenn die Füße der Meinung sind, sie bräuchten noch etwas Ruhe.

Unterhalb des Passes breitet sich vor meinen Augen ein Plateau aus, das bis zur langgestreckten und hohen Fassade des Norra Storfjället reicht. Ich stehe auf der Höhe und lasse diesen beeindruckenden Anblick auf mich wirken. Aber der Abstieg wartet, und der ist sehr steil. Ich bin froh, dass ich meine Wanderstöcke dabeihabe. Sie leisten mir, gerade hier beim Abstieg, gute Dienste und helfen, die Kniegelenke zu entlasten.

Unten angekommen kreuzt der Pfad den Weg zwischen Dårraudden und dem Bielluojávrrie und führt dann auf den 1026 m hohen Berg Vuomatjåhkka zu. Ich habe schon die Befürchtung, dass ich auch noch diesen Berg erklimmen muss, aber ein Blick in die Karte zeigt mir, dass der Pfad um den Berg herumführt und die Steigung ist Gott sei Dank auch nicht so steil wie der vorherige Abstieg und führt in eine Senke.

Die Füße sind dankbar, dass sie nun auf grasbewachsenem Untergrund gehen dürfen. Ich kreuze einen Bergrücken mit einem weiteren Pass. Der Blick von oben fällt auf den Stuor Aigert. Und von hier aus kann ich auch drei kleine Gletscher erkennen. Ein Blick in die Wanderkarte verrät mir, dass es der Tärnaglaciären, der Östra Syterglaciären und das Eis unterhalb des Rierruogájsie, dem höchsten Punkt im Ammarfjället, sind.

Ein letzter Blick in die Ferne und dann mache ich mich an einen langen und steilen Abstieg hinunter in einen lichten Birkenwald, in dem sich vor einigen Jahren der Birkenwald-Moorwaldspinner so richtig ausgetobt hat. Viele Bäume sind abgestorben und der Wald ist dadurch um einiges lichter geworden. Man kann den heftigen Südabbruch des 1352 m hohen Suvlåjvvie erkennen, der mit seiner Form einem Baumstumpf ähnelt. Er bildet eine eindrückliche Landmarke im Vindelfjäll.

Ich stapfe an dem ziemlich ausgedünnten Birkenwald vorbei und stehe dann vor einer Brücke. Sie überquert den Servvejåhkka und hängt tief über der Kante eines 15 m hohen Wasserfalls. Auf der Brücke bleibe ich stehen, unter mir rauscht und tost das wilde Wasser. Am anderen Ende angekommen finde ich ein sonniges Plätzchen am grasbewachsenen Ufer des Flusses, auf dem einige Baumstämme liegen, die sich als Sitzplatz direkt anbieten. Der Hang ist windgeschützt, hier lässt es sich gut rasten. Meine Füße und meine Schultern freuen sich über etwas Erholung. Ich bin zügig vorangekommen und kann mir die Pause erlauben. Es sind nur noch 2 Kilometer bis zu meinem heutigen Etappenziel, der Serve-Stuga.

Hier sitze ich, lausche dem Rauschen und Tosen des Wasserfalles. Und meine Gedanken wandern wieder. Sie wandern zu der Urbevölkerung.

Seit vielen Jahrtausenden leben die Samen schon hier im schwedischen Fjäll.

Der römische Geschichtsschreiber Tacitus erzählt schon im Jahr 98 n.Chr. in seinem Werk „Germania" von den Sami:

„Sie sind arm und wild wie Tiere. Sie haben keine Waffen, keine Pferde, kein Haus. Ihre Nahrung sind Kräuter, ihre Kleidung Felle, ihr Bett ist der Erdboden. Glücklich sind sie, denn sie schwitzen nicht bei harter Ackerarbeit und mühen sich nicht ab mit Häuserbau. Sie leben nicht in Furcht um eigenes und fremdes Gut. Sie haben das Schwerste erreicht: wunschlos und zufrieden zu sein!"

Lange lebten sie ungestört in ihrem Land, bis sie von den Wikingern, den Nordmännern, immer weiter in den Norden gedrängt wurden. Die Eindringlinge, die sesshaft waren und in Siedlungen lebten, waren stärker und nahmen das Land, in dem die Sami bislang zufrieden lebten, mehr und mehr in Besitz. Sie waren der Meinung, dass es ihnen als herrenloses Niemandsland, das von niemanden als Besitz beansprucht wurde, zustand. Es gab keine gewaltsamen Auseinandersetzungen – die Sami kennen das Wort „Krieg" nicht.

Sie wurden in immer kleinere Gebiete abgedrängt, mussten in feindliche Regionen umsiedeln, in denen andere nicht siedeln wollten und in denen andere auch nicht überleben konnten. Sie verloren ihre Heimat, ihre Berge, ihre Weidegebiete. Das Land, das sie genutzt hatten. In dem sie immer darauf geachtet hatten, dass die Natur nicht unter ihnen litt. Aber sie brachten etwas zustande, was sich wohl kein anderer zugemutet hätte. Sie überlebten in der arktischen Umwelt mit ihren klimatischen Bedingungen, die eine große Herausforderung darstellten. Sie übten sich in der großen Kunst der Zurückhaltung, der Anpassung, die das Erhalten des heiklen Gleichgewichtes in dieser sensiblen Natur forderte.

Mit Beginn der Kolonisation nahmen skandinavische Siedler Grund und Boden in Besitz und die verschiedenen Königreiche zogen Grenzen. Das Samiland wurde von ihnen verwaltet und die Samen mussten oft in mehreren Staaten Steuern zahlen. Der schwedische König Gustav Wasa verkündete: „Land, das nicht einem Siedler gehört, gehört Gott und der schwedischen Krone!"

Dann entdeckte man die Schätze, die der Boden enthielt und es lockte der Reichtum, den man durch die Bergung der Bodenschätze zu erreichen hoffte. Das Niemandsland hoch im Norden stellte sich als begehrenswertes Rohstofflager heraus und seine Bewohner mussten zuschauen, wie ihre geachtete Natur ausgebeutet wurde und wie neue Formen der Verelendung, Entmündigung und der Zwangsarbeit Einzug hielten.

Silberbergwerke wurden eröffnet und die Sami wurden gezwungen, als Sklaven in den Minen zu arbeiten. Ihre Rentiere mussten sie als Lasttiere einsetzen.

Auch in der Umgebung von Kvikkjokk entstand ein Silberbergwerk. Die Sami, die sich weigerten, darin zu arbeiten, wurden hart bestraft. Dazu schlug man in einiger Entfernung voneinander zwei Löcher ins Eis des Sees und zog ein Seil von einem Loch zum anderen. Daran wurden die Verweigerer so lange unter dem Eis hin und her gezogen, bis sie bereit waren, zu arbeiten oder bis sie starben.

Die reichen Erzvorkommen in Kiruna wurden erschlossen. Es entstand die heute größte Erzgrube der Welt. Die Samen mussten auch hier in der Mine arbeiten. Bezahlt hat man sie mit Alkohol.

Es entstanden Straßen, Eisenbahnschienen wurden verlegt. Niemand nahm Rücksicht auf die Weidegründe, die die samische Bevölkerung für ihre Rentiere brauchte.

Es entstanden Wasserkraftwerke, Staudämme. Diese Entwicklungen schränkten das Leben der Sami und das ihrer Rentiere immer mehr ein.

Zur Zeit der Zwangsumsiedlung mussten die Samen ihre Siedlungen verlassen. Ihnen wurden neue Gebiete zugewiesen. Alles, was sie nicht mitnehmen konnten, mussten sie zurücklassen. Mit ihren Rentieren zogen sie in unbekannte Regionen und sie wussten nicht, was sie dort erwarten würde, ob es genug Futter für ihre Tiere geben würde. Verwandte wurden getrennt und oftmals waren die Plätze, die ihnen zugewiesen wurden, bereits besetzt. Und sie hatten viele Probleme, die Tiere in der fremden Umgebung zu halten. Schon während dem oft wochen- und monatelangen Zug mit den Tieren versuchten diese immer wieder zurückzulaufen zu den ihnen bekannten Weideplätzen. So hatten die Besitzer mit großen Problemen zu kämpfen und oftmals gingen viele ihrer Tiere während des Zuges verloren.

... wir haben hier gelebt
von Geschlecht zu Geschlecht
die Sonne ist gestiegen, gesunken
hat Leben gegeben

aber wenn sie kommen,
finden sie dieses Land, uns

und wir sind Steine, Gewächse, Tiere,
Fische
Wasser, Wind, Erde, Himmel
und sie gehen durch uns hindurch
ohne zu sehen...

Nils-Aslak Valkeapää
Nachdichtung entstand am Institut für Nordische Philologie

Und als wollten sie mich aus meinen schweren Gedanken wecken, erscheint auf der gegenüberliegenden Seite des Flusses eine kleine Schar Rentiere und mittendrin ein weißes Tier. Sie ziehen langsam durch den verwüsteten Wald und ich denke, auch für mich wird es langsam Zeit, weiterzuziehen.

Ich setze meinen Rucksack auf und mache mich auf den Weg. Ein ganzes Stück zieht sich der Pfad durch einige Sümpfe und ich bin froh, als auf einem Höhenrücken mit nur wenigen Bäumen die Hütte vor mir auftaucht.

Auf dem Weg von Aigert nach Serve

Neugierige Rentiere

Einsamkeit so weit das Auge reicht

Rastschutzhütte

Schneebedeckte Gipfel in der Ferne

Sumpfgebiet

Wasserfall

Weißes Rentier

Die Servehütte in Sicht

Das Stugvärdpaar von Aigert hat mich bei Nisse schon angemeldet. Er sitzt auf einer Bank vor der Hütte und sieht mich kommen, winkt schon von weitem. Mit einer herzlichen Umarmung werde ich begrüßt und erfahre, dass ich auch hier der einzige Gast bin. Hinter der Hütte aber steht ein Helikopter und drei Männer in Arbeitsoveralls machen sich nicht weit von der Hütte entfernt an den Markierungstafeln für den Pfad zu schaffen.

Nisse hat in der ganzen Hütte schon die Öfen angeheizt, selbst in meinem Schlafraum ist es mollig warm. Das tut jetzt nach der langen Strecke und dem heftigen Wind, der mich ganz schön durchgeblasen hat, richtig gut. Als Willkommenstrunk bekomme ich auch hier ein Glas warmen Preiselbeersaft und Nisse meint, ich solle mir mein Bett aussuchen und dann gäbe es Kaffee. Natürlich nehme ich ein Bett in dem bereits warmen Zimmer, verstaue meinen Rucksack, ziehe die Schuhe aus und gehe zurück in die Küche. Auf der Bank am Fenster lasse ich mich nieder, lege die Füße hoch und Nisse kommt mit einer Tasse Kochkaffee. Er erinnert sich noch, dass ich eine der wenigen Wanderer war, die den Kochkaffee so gerne mochten. Wir sitzen gemütlich zusammen am Fenster, trinken unseren Kaffee und haben uns viel zu erzählen. Irgendwann erscheinen die drei Männer aus dem Heli in der Hütte und auch sie bekommen vor ihrem Abflug noch eine Tasse Kaffee serviert. Sie haben ihre Arbeit abgeschlossen und wollen vor dem Dunkelwerden noch zurück.

Draußen trübt sich der Himmel so langsam wieder ein und die drei starten mit Getöse ihren Heli. Ich suche mir im Hüttenshop noch ein paar Zutaten für mein Abendessen und entscheide mich für eine Dose Köttbullar und ein Päckchen Kartoffelpürree. Auf meine Einschlafhilfe, die Dose Norrlands Guld Bier, muss ich heute leider verzichten. Nisses Lager ist leer. Also werde ich mir ein Glas frisches Quellwasser gönnen. Ob das aber beim Einschlafen helfen wird, wage ich zu bezweifeln. Aber nach der langen Etappe bin ich so müde, dass es vielleicht auch ohne „Bierhilfe" klappen wird.

Ich richte mein Essen, setze mich an den Tisch, zünde eine Kerze an und futtere alles restlos auf. Nachdem die Küche wieder in Ordnung gebracht ist, schmökere ich im Kerzenschein in meinem Krimi, während Nisse in seinem Bereich herum rumort. Irgendwann erscheint er mit einer Teigschüssel und mit einer großen Pfanne. „Gillar du pannkakor?" – „Magst du gerne Pfannkuchen?" Ich schaue überrascht auf. Eigentlich bin ich ja satt, aber gegen einen Pfannkuchen habe ich auch nichts einzuwenden.

Also macht er sich ans Werk. Er heizt den Ofen nochmal ordentlich ein, ich sitze am Tisch und schaue seinem Treiben zu. Ein Pfannkuchen nach dem anderen landet aus der Pfanne auf dem Teller und dann steht ein kleiner dampfender Berg vor mir. Nisse bringt noch Preiselbeerkompott und stellt eine Kanne Kaffee dazu. So sitzen wir zusammen am Tisch, lassen uns die leckeren Pfannkuchen und den Kaffee schmecken und reden über Gott und die Welt. Irgendwann bin ich dann aber mehr als satt und biete, sozusagen als kleines Dankeschön für die Schlemmerei, an, den Abwasch zu übernehmen und die Küche in Ordnung zu bringen.

Es ist mittlerweile spät geworden. Nisse zieht sich in sein Reich zurück und ich verziehe mich ebenfalls in mein Zimmer. Zufrieden und mit vollem Magen liege ich in meinem Bett und denke an zuhause. Mein alltägliches Zuhause, jetzt fühle ich mich gerade hier zuhause. Ich kuschele mich in meine Bettdecke und zufrieden, wie ich bin, schlafe ich auch bald ein.

Mitten in der Nacht ertönt ein lautes, schrilles Heulen. Ich schrecke auf und weiß einen Augenblick gar nicht, wo ich bin. Ich springe aus dem Bett und gehe hinaus auf den Flur. Nisse kommt mir entgegen und gibt Entwarnung. Der Rauchmelder will eine neue Batterie! Oh nein!

Ich schlüpfe wieder unter die Decke, aber an Einschlafen ist so schnell nicht zu denken. Der Schreck hat mich ordentlich aufgeputscht und erst gegen Morgen gelingt es mir, nochmal ein bisschen einzudösen.

Morgens gegen 8 Uhr klopft es an meine Tür. Auf mein „Kom in" erscheint Nisse mit einer Tasse Kaffee und einem Teller, auf dem ein Käsebrot liegt. „Lite frukost" – „Kleines Frühstück!" meint er. Ich fasse es nicht. Frühstück ans Bett. Dankbar nehme ich es entgegen und er verschwindet wieder. Ich trinke genüßlich den Kaffee und esse das Käsebrot. Wahrscheinlich wollte er mir etwas Gutes tun nach dem nächtlichen Schrecken.

Draußen ist es feucht, diesig und grau und es regnet mal wieder. Da macht so eine nette Geste doch richtig gute Laune.

Trotzdem muss ich mein Bündel packen. Nach einer schnellen Morgentoilette am kalten Bach mache ich mir einen Kaffee und einen kleinen Haferflockenbrei und verabschiede mich dann von diesem gastfreundlichen Hüttenwirt. Ich tue es nur ungern, denn ein Blick nach draußen zeigt nicht gerade ein einladendes Bild. Aber es nützt ja nichts, ich muss weiter. Einen zusätzlichen Tag habe ich nicht eingeplant und der Heimflug ist gebucht. Aber daran möchte ich jetzt noch nicht denken, ein paar Tage habe ich ja noch vor mir.

Also nur noch ein letztes Winken und ich marschiere los mit Tagesziel Tärnasjön.

Von Serve nach Tärnasjön

Ca. 14 km

Ich lasse die Serve-Stuga hinter mir und überquere eine kleine Brücke. Danach geht es steil bergan. Das Wasser kommt jetzt nicht nur vom Himmel, sondern auch den Berg herunter über den Pfad geschossen. Es bleibt mir nichts anderes übrig, als durchzustapfen und schon bald sind die Füße nass, trotz gut imprägnierter Schuhe. Aber ich denke, solange ich in Bewegung bin, sollte das kein Problem sein. Schade, dass ich von der mich umgebenden Landschaft nicht viel mitbekomme, denn ich gehe mit tief in die Stirn gezogener Kapuze, die Augen auf den rutschigen Boden gerichtet, vor mich hin.

Der Wanderführer hat mir von der Passhöhe aus einen herrlichen Ausblick versprochen. Das wird wohl heute nichts, denn ich sehe nur eine graue Wolkendecke mit tiefhängenden Schleiern über der Landschaft. Durch die Nebelschwaden erkenne ich in südlicher Richtung verschwommen den relativ großen Servvejavrrie (das bedeutet Elchsee) mit seinen vielen Inseln. Schaue ich in westliche Richtung fällt der Blick auf zwei Berggipfel.

Der Kungsleden schlängelt sich durch das vor mir liegende Hügelland. Auf und ab geht es, ich streife durch das nasse Gras, versuche den Wasserrinnsalen und Pfützen so gut es geht auszuweichen. Wenn ich mir die vor mir liegende Landschaft betrachte, werden mich wohl noch einige An- und Abstiege erwarten. Und der erste Abstieg kommt bald und er ist auch schon gleich recht steil. Er mündet in eine Senke, in der knorrige Zwergbirken und viel Gestrüpp wachsen.

Nach dem Überqueren einer Brücke komme ich in ein flaches Tal, das sich zwischen den niedrigen Hügeln hinschlängelt. Immer wieder mal bleibe ich stehen, schaue mich um und begutachte den Himmel. Der Regen ist in ein leichtes Nieseln übergegangen und mir scheint, als würde die Wolkendecke langsam aufreißen. Vielleicht ist es aber auch nur ein Wunschdenken.

Ich stapfe weiter auf dem schmalen Pfad, komme an mehreren kleinen Weihern vorbei. Und dann habe ich doch Grund zur Freude. Ein erster Sonnenstrahl hat es durch die Wolken geschafft und lässt das Wasser der Teiche aufblitzen. Die Wolkenlücken werden allmählich größer und die immer wieder durchdringenden Sonnenstrahlen sind ein starker Motivationshelfer. Ich habe das Gefühl, als ginge plötzlich alles viel leichter voran. Ich streife die Kapuze herunter und die nächsten 5 km bis zum kleinen See Siejdage, was wirklich kleiner See bedeutet, machen richtig Freude. Die Sicht wird besser. Ich wandere durch eine Landschaft, die man fast schon idyllisch nennen könnte.

Vor mir liegt dann ein erfreulicherweise nicht allzu hoher Pass. In der Ferne kann ich den hohen Norra Sytertoppen ausmachen und der Tjukale zeigt sich auch in seiner ganzen Größe. Ich habe das Gefühl, als würde ich mich mitten in einer großen Wildnis bewegen. Vom Pass führt der Pfad steil bergab, vorbei am See Tjärven und ich erreiche einen Birkenwald, der sich von Zeit zu Zeit öffnet und einzelne kleine Moore werden sichtbar. Nach dem Durchstreifen eines Sumpfgebietes liegt der letzte Pass für heute vor mir. Ich steige gemächlichen Schrittes hinauf und kraxele über einen langen und steilen Abstieg auf der anderen Seite wieder hinunter.

Der letzte Abschnitt bis zur Tärnasjö-Stuga führt mich wieder durch einen dichten Wald. Ich befinde mich nun mitten im Herzen des Vindelfjälls und fühle mich recht abgeschieden vom Rest der Welt. Die Sonnenstrahlen schaffen es kaum, durch das Laub der dicht stehenden Bäume zu dringen. Dann öffnet sich der Wald. Die Tärnasjö-Stuga, etwa 100 m vom See entfernt, liegt sonnenbeschienen und malerisch am Rand eines lichten Birkenwaldes vor mir. Ein schmaler Pfad führt hinunter an das steinige Ufer des Sees.

Auf dem Weg von Serve zum Tärnasjön

Dicke Wolkendecke auf dem Weg

Ankunft am Tärnasjön

Aber jetzt will ich zuerst in die Hütte, die müden Füße sehnen sich nach Ruhe. Ich steige die Vortreppe hinauf, öffne die Tür und erlebe die nächste Überraschung. Vor mir steht Mia, die Stugvärdin, die ich schon bei zwei vorherigen Touren in anderen Hütten kennenlernen durfte. Auch sie erkennt mich wieder und die Begrüßung ist sehr herzlich. Auch hier bin ich einziger Gast und kann mir mein Bett aussuchen.

Schnell habe ich mich in meinem Zimmer häuslich eingerichtet, meinen Schlafsack ausgebreitet und mich umgezogen. Als ich in die Küche komme, um mir einen Kaffee zu kochen, hat Mia schon alles vorbereitet. Sie spendiert noch ein Stück frisch gebackenen Kuchen und dann sitzen wir mit unseren Tassen zusammen am Ofen und haben es sehr gemütlich.

Bevor es dunkel wird, mache ich einen Spaziergang zum See, setze mich ans Ufer und lasse die Szenerie auf mich wirken. Alles ist ruhig, auch in mir ist es ruhig. Ich schließe die Augen und genieße. Der Wind lässt das goldene Birkenlaub rascheln und bewegt leise das Wasser des Sees. Ich muss aufpassen, dass ich nicht hier im Sitzen einschlafe, so entspannt wie ich bin.

Als es mir dann doch langsam zu kühl wird, schlendere ich zurück zur Hütte und richte mein Abendessen. Heute steht ein Gemüseeintopf auf meiner Speisekarte, natürlich aus der Dose. Und ich konnte im Hüttenshop noch eine der letzten Dosen Norrlands Guld Bier ergattern und trinke es genüsslich, sozusagen als Schlummertrunk. Mia werkelt noch in ihrem Zimmer herum. Sie ist am Räumen und Packen, denn die Hütte schließt in zwei Tagen und sie hat noch allerhand vorzubereiten. Ich bin müde und ziehe mich in mein Zimmer zurück, kuschele mich unter die Decke, lese noch ein bisschen und dann fallen mir die Augen zu.

In der Nacht regnet es stark. Erst um acht Uhr morgens, als der Regen aufhört, schäle ich mich aus dem Bett. Mia hat in der Küche schon den Ofen angefeuert und es ist schön warm, als ich von meiner Morgentoilette im kalten See zurückkomme. Ich setze Wasser auf und mache mir einen Kaffee und den obligatorischen Haferflockenbrei. Noch schnell eine Dose Fruchtcocktail aus dem Hüttenshop über den Brei gekippt, schmeckt gut! Nachdem ich meine Thermosflasche mit heißem Tee befüllt habe, packe ich meine Sachen zusammen, steige in die Wanderstiefel und hucke den Rucksack auf.

Mia begleitet mich vor die Hütte und spielt mir auf ihrer Flöte zum Abschied noch ein Wandererlied. So hat sie es auch die vorherigen beiden Male gemacht. Da wird einem richtig warm ums Herz.

Ich schaue sorgenvoll an den Himmel, aber sie meint, es würde wohl heute immer mal wieder einen Schauer geben. Ich lasse mich überraschen. Der Himmel sieht nicht unbedingt so aus, als würde es bei einem Schauer bleiben.

Von Tärnasjön nach Syter

Ca. 14 km

Schon nach den ersten paar hundert Metern, die mich abwechselnd am See entlang und durch Birkenwald führen, öffnet der Himmel seine Schleusen, es beginnt kräftig zu regnen. Nichts mit Schauer. Der heftige Wind bläst mir die Regentropfen ins Gesicht. Sie sind kalt und es sticht wie Eisnadeln.

Gegen den Wind und den fast waagerecht vor ihm hergetriebenen Regen ankämpfend erreiche ich einen Schotterstrand. Ich denke, hier wäre bei schönem Wetter ein guter Badeplatz. Weit entfernt erhebt sich der Tjukale, ein einsamer, spitzer Gipfel und am gegenüberliegenden Seeufer ist der Berg Juobmuobákttie mit großen Granitfelsen-flächen zu sehen. Sein Name bedeutet steiler Wiesen-Sauerampfer-Berg.

Nach diesem Strand entfernt sich der Pfad allmählich vom Seeufer und ich komme in ein Gebiet mit offenen Mooren und kleinen, bewaldeten Moränenhügeln. Einige Kilometer wandere ich durch das abwechslungsreiche Gelände, überwinde einen Rentierzaun und erreiche danach das Inselreich des Tärnasjön.

Es regnet ununterbrochen, von Schauern kann keine Rede mehr sein. Und der Wind hat im Laufe des Vormittags kräftig zugelegt. Der Pfad ist sehr nass und rutschig. Ich gehe vorsichtig und stehe dann vor der ersten von sieben Brücken, die die Inseln des Tärnasjöndeltas miteinander verbinden. Mir kommt der Song in den Sinn: „Über sieben Brücken musst du geh'n ..."

Dieser südliche Teil des Tärnasjön bietet einen wahren Wirrwarr von Inseln, die aus 5 – 15 m hohen Rogenmoränen bestehen. An der schmalsten Seite des Sees führt der Kungsleden von Insel zu Insel, über diese besagten sieben Brücken. Und der Song setzt sich als Ohrwurm in mir fest.

Der Sturm ist ziemlich heftig und entsprechend schaukeln die Hängebrücken. Ich setze vorsichtig Fuß vor Fuß, gehe in der Brückenmitte und halte mich rechts und links am Handlauf der seitlichen Absperrgitter fest. Fünf solcher Hängebrücken muss ich überwinden, zwei weitere sind erfreulicherweise feste Holzbrücken.

Drüben angekommen und endlich wieder festen Boden unter den Füßen, wartet der Anstieg zum Stokkeklippen auf mich.

Ich kämpfe mich voran, Wind und Regen sind nicht sehr hilfreich bei dem steilen Anstieg über nasse Felsbrocken und matschigen Boden.

Als ich die Waldgrenze erreiche bleibe ich stehen, lasse den Blick über diese riesigen Weiten schweifen. Berge im Hintergrund, das Inselreich des Tärnasjön, dichter Birkenwald und dazwischen Moore und kleinere Gewässer. Ein beeindruckendes Panorama. Hier zeigt sich die ganze Vielseitigkeit des Vindelfjälles.

Der Pfad führt mich nun vorbei am Stokkeklippen über eine überwachsene Heidefläche. Eine weite Strecke steige ich über total überspülte Steinplatten. Das Wasser, das vom Berg kommt, hat sich zu einem kleinen Bach entwickelt, der über den Pfad hinunter zur Hütte rauscht, die nun endlich in Sicht kommt. Mittlerweile bin ich wirklich quietschnass und will nur noch eins: in die warme Hütte und aus den nassen Kleidern.

Die Syterhütte hat die schönste Lage der Fjällhütten, die ich bisher besucht habe. Hier treffen sich Hochgebirge und Ebene und sorgen für einen starken Kontrast.

Auf dem Weg von Tärnasjön nach Syter

Der Schotterstrand

Dicke Wolken als Begleiter

Sieben Brücken über den Tärnasjön

Die Syter-Hütte

Ein freundliches Stugvärdpaar hat mich vom Fenster aus den Berg herunterkommen sehen und empfängt mich schon an der Tür, nimmt mir den Rucksack und die nasse Jacke ab. Ich ziehe die nassen Schuhe aus und folge dem Hüttenwart, der mir den Trockenraum zeigt, in dem ich die nassen Klamotten aufhängen kann. Ich schäle mich aus der Regenhose, hänge alles auf die Leine, stopfe die Schuhe mit Zeitungspapier aus, das in großen Mengen herumliegt und bringe den Rucksack in mein Zimmer. Wieder bin ich der einzige und letzte Gast vor Saisonschluss. Dann gehe ich kaffeedurstig in die Küche. Der Ofen strahlt eine wohlige Wärme aus und heißes Wasser gibt es auch schon.

Mit meinem Kaffeebecher setze ich mich ans Fenster, strecke die müden Beine aus und beobachte, wie es immer nebliger wird. Ich bin froh, dass ich nicht mehr unterwegs bin.

Gegen Abend macht sich bei dem Stug-värdpaar eine gewisse Unruhe bemerkbar. Sie laufen mit dem Fernglas von einem Fenster zum anderen. Auf meine Frage, was denn los sei, erzählen sie mir, dass sie Ausschau nach einem weiteren Gast halten, der von der Viterskalethütte aus angekündigt war. Er hat die Route über den Sytertoppen, den Gipfel des Syter, genommen, was bei diesem Wetter sehr leichtsinnig ist. Nun hängt er am Berg fest und kommt nicht mehr durch die niederschießenden Wassermassen. Über den Notruf hat er die Fjällrettung alarmieren können, die ihn abholen wird. Aber das dauert seine Zeit, bis sie da sind und er muss lange im strömenden Regen, im Nebel und zunehmender Dunkelheit ausharren. Auch ist es für den Helikopter kein leichtes Unterfangen, bei den Wetterverhältnissen und der schlechten Sicht am Berg zu landen. Wir hören den Heli im Anflug und sind froh, als wir ihn dann auch abfliegen hören. Der Wanderer ist in Sicherheit und fliegt mit zurück nach Hemavan.

Was mag in ihm vorgegangen sein, so allein auf dem Berg. Dem strömenden Regen und Sturm ausgesetzt. Und dem zunehmenden Nebel und der Dunkelheit. Vielleicht lernt er daraus, sich zukünftig nicht mehr zu überschätzen und nicht mehr so leichtsinnig zu sein. Man bringt mit solchen Aktionen ja nicht nur sich selber in Gefahr, sondern auch die Menschen, die helfen.

Nach dem Abendessen verkrieche ich mich ziemlich bald ins Bett. Der Sturm keucht und heult um die Hüttenwände. Der Regen klatscht gegen die Scheiben und ich friere so, dass ich mir aus dem oberen Bett noch eine zusätzliche Decke holen muss. An Schlaf ist nicht viel zu denken.

Am Morgen zuerst ein Blick aus dem Fenster. Der Himmel sieht verheißungsvoll aus, es hat aufgehört zu regnen. Aber der Sturm hat seine Stärke beibehalten.

Ich feuere den Ofen in der Küche an und richte mir ein Frühstück. Danach starte ich recht zügig, weil ich gerne noch ein Stück Weg ohne Regen schaffen will.

Von Syter nach Viterskalet

Ca. 12 km

Zunächst muss ich den Svärfarsbäcken, den Schwiegervaterbach, über eine Brücke überqueren. Woher der Fluss diesen Namen hat, erschließt sich mir leider nicht, aber es muss ja irgendetwas dahinterstecken.

In sumpfigem Gelände kraxele ich den steilen Pfad zum Sjul-Olsaxeln hoch. Dieser Berg ragt vom Fuß des Sytertoppen heraus und endet mit einem kleinen Knubbel, dem 1012 m hohen Vuekienaesie. Hier boten die Rentierzüchter in vergangenen Zeiten den Göttern Opfer dar, um ihre Tiere vor Krankheiten geschützt zu wissen.

Man brachte der Natur große Ehrfurcht entgegen und betrachtete die ganze Erde als lebenspendende Mutter. Besonders heilig waren Kraftorte wie Höhlen, Quellen oder markante Felsgruppen. Dort wurden den Göttern Opfer dargebracht, in erster Linie junge Rentiere, aber auch den Bären, der als heilig galt. Er sollte Bote zwischen den Menschen und den Göttern sein.

Als die Christianisierung begann wurden die Sami massiv missioniert. Nicht nur die heiligen Trommeln der Schamanen wurden verbrannt, auch der Joik, die traditionelle Musikform der Samen, wurde ihnen verboten. Ihren Joik, mit dem sie Stimmungen und Situationen emotional ausdrücken konnten. Sie joikten nicht für jemanden oder für etwas, sie joikten jemanden oder etwas. Sie joikten zum Beispiel einen Freund, einen Berg oder einen See. Er kann die Menschen aus ihrem Alltag in eine andere Welt führen und ist Meditation und Zwiesprache mit der Natur zugleich.

Wenn ein Sami vom Joik spricht, drückt er sich so aus:

„Joik ist wie die Morgensonne. Er weckt, er gibt Auftrieb, er belebt, inspiriert. Er gibt dir Mut für das tägliche Leben. Er hilft dir, die Zusammenhänge und den Reichtum der Natur zu sehen und auch im Leben der Menschheit. Er ist wie der zweite Namen eines Menschen. Ein Joik ehrt und kräftigt das Selbstbewusstsein. Er schenkt Verständnis für Verbindungen und Bindungen im Leben. Der Joik kommt aus dem Wind. Er ist überall in der Luft. Er kennt keine Landesgrenzen, er überquert sie ohne Hindernisse, er hält, wo er gutes Weideland findet; und dann reist er weiter. Die Frage ist für uns nur: Haben wir genug Ruhe und Geduld, um fähig zu sein, unsern eigenen Platz in der Naturordnung zu sehen und unsern Platz auf unserem Planeten.

Wenn du guten Mutes und froh bist, wenn du dich geborgen fühlst und Freude die Luft erfüllt, dann kann plötzlich ein neuer Joik entstehen. Er macht glücklich, er belebt und erhebt. Er kann ein Joik für mich sein oder für dich. Wenn du fähig bist, einen anderen zu joiken – mich oder ihn – dann kommst du ihm sehr, sehr nahe."

Ante Mihkkala, mitgeteilt von H.U. Schwaar

Die Verbote wurden teilweise mit drastischen Mitteln umgesetzt. Man zerstörte die samischen Glaubensstätten und versuchte, die Menschen gegen ihren Willen zu bekehren. Es gab zahlreiche Todesfälle in der samischen Gemeinschaft.

Mit den Gedanken an dieses Geschehen marschiere ich weiter. Es regnet immer wieder und nur selten blinzelt die Sonne zwischen den Wolken hervor. Leider viel zu selten. Auch der Wind bläst in unverminderter Stärke und auf der Kuppe des Sjul-Olsaxeln bekomme ich seine Kraft so richtig zu spüren. Aber es bietet sich mir auch ein unvergleichlicher Ausblick. Ich schaue in das Syterskalet hinein, ein enges Trogtal, das von dem Norra und dem Södra Sytertoppen gebildet wird.

Die Weite des Vindelfjälls habe ich verlassen und ein weiterer Anstieg liegt vor mir. Hier im Syterskalet gibt es bestes Weideland und nun treffe ich öfter auf kleine oder größere Rentierherden in der Nähe des Pfades. Damit ich sie nicht störe, gehe ich mit weitem Abstand an ihnen vorbei. Manchmal stehen sie so nahe am Pfad, dass ich ausweichen und in einem größeren Bogen um sie herum gehen muss.

Ich gehe den Hang hinunter bis zu einer Weggabelung. Hier zweigt der Kungsleden nach rechts ab, direkt ins Syterskalet hinein. Das Tal bildet einen knapp 10 km langen Korridor durch das Massiv Norra Sjöfallet.

Der kleine Bach, der den Pfad begleitet, wird mit der Zeit immer breiter. Er entwickelt sich allmählich zu einem breiten Fluss. Hohe Bergwände begrenzen das Tal zu beiden Seiten. Über mir der graue Himmel, rechts und links die steilen Bergwände, die Enge erzeugt ein Gefühl des Eingesperrtseins. Die Talöffnung liegt in weiter Ferne. Ich marschiere auf sie zu, mich gegen den Wind stemmend. Immer wieder muss ich stehenbleiben und mich auf meinen Wanderstöcken abstützen, um mich zu stabilisieren, um nicht regelrecht „aus dem Pfad" geweht zu werden. Nach einiger Zeit des Marschierens durch das Tal, das heute alles andere als lieblich ist, erscheint vor mir eine Rastschutzhütte und sie kommt mir wie gerufen. Eine kleine Pause ist jetzt dringend notwendig. Gott sei Dank ist die Tür hier an der windabgewandten Seite, sodass sie sich ohne Schwierigkeiten öffnen lässt.

Ich betrete die Hütte, setze meinen Rucksack ab und lasse mich auf der Bank an dem Tisch nieder. Atme erst einmal tief durch. Dann packe ich meinen Proviantbeutel aus, ich muss Energie tanken. Und es muss schnell gehen, denn gemütlich ist es nicht hier. Es ist kalt und der Wind bläst die feuchte Luft durch alle Ritzen. Der Tee in meiner Thermosflasche ist erfreulicherweise noch heiß und tut richtig gut. Dazu bestreiche ich mir ein Knäckebrot mit Tubenkäse und kröne das karge Mahl mit einem großzügigen Stück Schokolade. Dann packe ich meine Sachen wieder zusammen und mache mich auf den Weg.

Immer wieder muss ich die vom Berg kommenden Wasserströme überqueren. Mal sind es nur kleine Rinnsale, mal wieder breitere Fluten. Von Stein zu Stein steigend und hüpfend versuche ich trockenen Fußes weiterzukommen. Es gelingt mir nicht immer.

Mein Weg verläuft jetzt nahe der Südseite des Berges. Unterhalb der Felswände steige ich über einige Blockfelder. Sie entstehen dadurch, dass von Zeit zu Zeit immer wieder neue Felsbrocken die Bergwand hinabstürzen. Sie bleiben am Talboden liegen.

Mit seinen Wiesen und Sümpfen macht das Tal trotz der Enge einen fruchtbaren Eindruck. Der Fluss Västra Syterbäcken mäandert durch das Sumpfgebiet und der Pfad führt parallel dazu weiter, zum Glück ohne weitere Steigungen.

Mittlerweile kommt nach einer kurzen, zu kurzen, Trockenphase zu dem Wind wieder Regen. Also ziehe ich mir wieder die Kapuze tief ins Gesicht und weiter geht es, immer die Öffnung und damit das Verlassen der Enge des Tales vor Augen. So stapfe ich vor mich hin, stoisch einen Fuß vor den anderen setzend. Nach ein paar Kilometern gibt die nördliche Talwand einen ersten Blick in das Viterskalet frei, einen blind endenden Talkessel mit steilen Felswänden. Auf der anderen Uferseite des Flusses, der hier allmählich wieder seine Breite verliert und schmaler wird, fließen mehrere kleine Bäche. Es sind Verzweigungen eines Baches, der aus dem Viterskalet kommt.

Noch ein weiterer Kilometer und ich erblicke die Viterskal-Stuga. Sie steht an einer Stelle, an der das Tal eine Biegung macht, breiter wird. So hat sie eine recht offene Lage.

Auf dem Weg von Syter nach Viterskalet durch das Syterskalet

Blick in der Syterskalet

Rastschutzhütte im Syterskalet

Langsam kommt Viterskalet näher

Der Västra Syterbäcken schlängelt sich durch das Tal

Ich suche nach dem Stugvärd und finde ihn in seiner gut geheizten Stuga, in der auch der Proviantverkauf untergebracht ist. Er ist in eine rege Unterhaltung mit zwei jungen Helferinnen vertieft und kann sich sichtlich nur schwer von ihnen trennen. Aber es hilft nichts, er muss seine mollig warme Stube verlassen und mit mir durch den Regen zu der Hütte kommen, in der ich untergebracht werde.

Welch ein Unterschied zu den vorherigen Unterkünften. Alles ist kalt, die Stühle stehen auf den Tischen. Ich fühle mich hier nicht sehr willkommen. Eher drängt sich mir der Eindruck auf, dass der junge Mann sich schon auf die Schließung der Hütte, in drei Tagen wohlgemerkt, vorbereitet hat und mein Auftauchen eher als Störung empfindet. Schade, dass gerade bei der letzten Übernachtung so ein negativer Eindruck entstehen muss. Jetzt weiß ich die herzlichen Willkommensgesten in den bisherigen Hütten doppelt zu schätzen.

Wieder bin ich allein in der Hütte und kann mir mein Bett aussuchen. Der junge Mann verschwindet wieder in seine Stube und ich feuere als erstes den Ofen in der Küche an, um wenigstens etwas Gemütlichkeit einkehren zu lassen. Dann stelle ich die Stühle zumindest von dem Tisch herunter, an den ich mich setzen will und bringe dann den Rucksack in mein Zimmer. Hier finde ich einen Gasheizkörper, den ich sofort in Betrieb nehme, um die feuchte Kälte aus dem Raum zu vertreiben und hoffe, dass ich bis abends eine angenehmere Zimmertemperatur haben werde.

Es dauert lange, bis die vollkommen ausgekühlte Küche wenigstens einigermaßen warm ist. Um mich von innen etwas aufzuwärmen, mache ich mir eine Dose Gulaschsuppe heiß und füttere nebenbei ununterbrochen den Ofen mit Holzscheiten, die Gott sei Dank in großer Menge vorhanden sind.

Ich setze mich an den Tisch und löffele meine heiße Suppe, schaue aus dem Fenster in den strömenden Regen und bemühe mich, die gute Laune zu behalten. Wenn es nicht schon so spät am Tag wäre, würde ich meine Sache am liebsten zusammenpacken und weiter bis Hemavan gehen. Aber bei dem Wetter empfiehlt es sich wohl nicht, in die Dunkelheit hineinzulaufen. Also werde ich die Nacht hier verbringen müssen und einfach das Beste daraus machen.

Der Stugvärd hat dann wohl doch noch ein schlechtes Gewissen bekommen. Er kommt abends überraschend herein und teilt mir mit, dass er den Waschraum angeheizt hat. Ich schaue mir den Raum. Es ist mollig warm darin und ich denke, damit hat er den schlechten Empfang wieder gut gemacht.

In dem Raum hängt ein großer Eimer mit einem Brausekopf am Auslass an der Decke. Es gibt Waschschüsseln und es gibt einen Ablauf im Boden. Ich erhitze in einem großen Topf Wasser auf dem Ofen in der Küche, bringe es auf angenehme Badetemperatur und fülle es in den Eimer. Schon habe ich eine wunderbare Dusche. Das tut richtig gut und wärmt mich wieder auf. Ich will gar nicht zurück in die Küche und trödele in dem wohlig warmen Waschraum herum. Irgendwann gibt es dann aber wirklich nichts mehr zu tun und ich verziehe mich mit einem Becher Kaffee in mein Zimmer, wickele mich in die Bettdecke und schmökere noch ein bisschen in meinem Krimi, bevor mir die Augen zufallen.

Immer wieder wache ich nachts auf und höre es regnen und stürmen. Für einen nächtlichen Toilettengang verpacke ich mich in die Regenkleidung und beeile mich, durch den Regen das Plumpsklo zu erreichen und mich dann auf dem schnellsten Weg wieder in mein Bett zu kuscheln.

Am Morgen ist es natürlich wieder ungemütlich kalt in der Küche. Ich verzichte auf das Anheizen des Ofens, denn bis ich es auch nur einigermaßen warm hätte, wäre ich wohl schon abmarschbereit. Also mache ich mir einen schnellen Kaffee und meinen obligatorischen Haferflockenbrei, spüle das Geschirr ab und starte dann in den verregneten Morgen. Es ist die letzte Etappe meiner Wanderung, mein Ziel ist Hemavan und von hier werde ich schon am Nachmittag die Heimreise beginnen.

Von Viterskalet nach Hemavan

Ca. 11 km

Der Pfad Richtung Hemavan folgt zunächst dem Västra Syterbäcken und steigt nach dem Überqueren einer Brücke an. Man könnte von hier eine herrliche Sicht haben, wenn es das Wetter zulassen würde. Aber so stapfe ich, die Kapuze meiner Jacke tief in die Stirn gezogen, stoisch einen Fuß vor den anderen setzend, weiter den Hang hinauf. Die Augen sind auf den Boden gerichtet, um jeden Fehltritt zu vermeiden. Der Pfad ist nass, die Steine sind rutschig und es haben sich große Pfützen gebildet, die ich versuche, zu umgehen. Das haben wohl schon mehr Wanderer versucht, denn neben dem eigentlichen Pfad hat sich auf dem Hang eine schmale Trampelspur entwickelt.

Ich gehe längere Zeit oberhalb der Baumgrenze und nähere mich Hemavan. Immer wieder kommen mir Menschen entgegen, die mit der Gondelbahn von Hemavan hochkamen und einen Tagesausflug nach Viterskalet machen. Ich wundere mich sehr, dass sie trotz des miesen Wetters unterwegs sind und sich von Regen und Wind nicht abhalten lassen. Aber mir reicht es jetzt langsam. Ich hatte während der ganzen Wanderung eigentlich nur wenige trockene Stunden.

Als die Bergstation der Seilbahn in mein Blickfeld gerät, steht mein Entschluss fest. Obwohl ich eigentlich nie kneife und meine gefassten Vorhaben durchziehe, werde ich meinen Prinzipien untreu und werde von hier hinunter nach Hemavan gondeln. Damit erspare ich mir mindestens drei Kilometer Regenwanderung.

Kurzentschlossen besteige ich eine Gondel und schwebe langsam ins Tal. Obwohl ich froh bin, diesen kurzen Weg genommen zu haben, bin ich insgeheim doch unzufrieden mit mir, dass ich es nicht bis zum Ende durchgezogen habe. Aber ich denke mir, genug ist genug – genug Regen, genug Wind. Das ist zwar nicht unbedingt der Tourabschluss, den ich mir vorgestellt habe, aber jetzt will ich nur noch ins Trockene.

Die Viterskalet-Stuga im Rückblick

Steiniger Pfad nach Hemavan

Blick ins Tal nach Hemavan

Viel Wasser

Von der Talstation aus habe ich noch einen Kilometer auf einem asphaltierten Weg neben der Straße bis in den Ort zu gehen.

Es ist Mittagszeit, als ich im Ort ankomme. Als erstes laufe ich den Bushalteplatz an um zu schauen, ob der Bus nach Umea wie geplant abfährt. Dicht dabei ist ein größeres Einkaufszentrum. Ich habe noch viel Zeit bis zur Abfahrt des Busses und nachdem ich feststellen konnte, dass in dem Restaurant des Einkaufszentrums ein Lunchmenü angeboten wird, stelle ich mich kurzentschlossen in die Reihe der hungrigen Gäste an der Kasse. Viele leckere Speisen sind im Angebot, unter anderem auch Suovas, ein geräuchertes Rentiergeschnetzeltes mit Preiselbeeren. Davon bediene ich mich reichlich, denn das esse ich sehr gern. Zum Abschluss noch eine Tasse Kaffee und eine Zimtschnecke, mehr geht nicht mehr. Alles sehr lecker!

Da ich noch fast 3 Stunden Zeit bis zur Busabfahrt habe, will ich gerne noch dem Naturum einen Besuch abstatten. Um für den nochmal mindestens einen Kilometer langen Weg nicht den Rucksack mitschleppen zu müssen, mache ich mich auf die Suche nach einer Möglichkeit der Gepäckaufbewahrung. Eine junge Dame, die ich frage, ob es hier in dem Markt eine Gepäckstation geben würde, verneint, bietet mir aber freundlicherweise an, den Rucksack bis zu meiner Rückkehr zu sich hinter die Theke zu stellen. Das Angebot nehme ich dankbar an. So sind sie, die Schweden, unkonventionell und hilfsbereit.

Ich marschiere los, ein langes Stück die Straße entlang. An einer kleinen Kirche vorbei führt der Weg den Berg hinauf zu einem großen Hotel und zum Naturum, einem außergewöhnlichen Gebäude mit einer riesigen goldfarbenen Kugel über dem Dach. Ganz in der Nähe ist auch der Einstieg, oder Ausstieg wenn man so will, zum Kungsleden zu finden. Von hier bin ich vor vier Jahren zu meiner Tour nach Ammarnäs gestartet.

Das Naturum bietet umfangreiche Informationen zu Natur und Kultur des Vindelfjälls. Ich besuche noch eine interessante Ausstellung zu Flora und Fauna und mache mich dann allmählich wieder auf den Rückweg Richtung Einkaufszentrum.

Mit einem herzlichen Dankeschön übernehme ich bei der freundlichen Dame im Kiosk wieder meinen Rucksack, gönne mir noch einen Kaffee und gehe dann die paar Schritte zur Bushaltestelle.

Es ist Samstagnachmittag und einige Fahrgäste warten mit ihren Einkaufstüten zusammen mit mir auf den Bus. Der lässt nicht lange auf sich warten, ich suche mir einen Fensterplatz und richte mich auf eine über vier Stunden lange Fahrt ein.

Und man könnte meinen, der Wettergott wolle mir den Abschied noch etwas versüßen. Er zieht alle Register und zeigt, dass er auch anderes im Repertoire hat als Regen und Wind. Wir fahren nämlich in einen wunderschönen Sonnenunter-gang hinein. Irgendwann ist die Sonne dann hinter dem Horizont verschwunden und es ist dunkel. Das gleichmässige Geräusch des Motors lässt mich eindösen. Ich muss ja keine Angst haben, dass ich meine Zielstation verpasse, denn sie gleichzeitig auch Endstation. Nach fast fünf Stunden Fahrt verlasse ich den Bus in Umeå und gehe den kurzen Weg zu dem Hotel, in dem ich ein Zimmer für die Nacht reserviert habe.

Es geht schon auf 22 Uhr zu und zu essen gibt es nichts mehr. Also nasche ich mich im Zimmer durch meinen restlichen Proviant und gehe schlafen.

Die Nacht ist kurz, denn ich muss sehr früh morgens bereits zur Bushaltestelle starten und so früh gibt es auch hier noch kein Frühstück, aber ich erhalte beim Auschecken wieder die obligatorische Frühstückstüte.

Der Shuttlebus bringt mich zum Flughafen Umeå. Ich gebe meinen Rucksack auf und habe dann noch genug Zeit, mich in einer ruhigen Ecke niederzulassen und meine Frühstückstüte zu plündern, bevor die

Sicherheitskontrolle öffnet und das Boarding beginnt. Nach einem kurzen Aufenthalt in Stockholm besteige ich das Flugzeug, das mich nach Frankfurt und somit der Heimat wieder näherbringt.

Für meinen Wanderabschied hätte ich mir nur eins gewünscht: besseres Wetter! Ich hatte schon so viele Wanderungen hier im schwedischen Fjäll unternommen, aber noch nie fast durchgehend Regen und Sturm. Aber auch das muss man mal erlebt haben.

Ob es nun tatsächlich der Herbst meines Wander-lebens im schwedischen Fjäll sein wird? Es wird sich herausstellen. Vielleicht ist es auch nur der Früh-herbst. Vielleicht gibt es ja noch einen Spätherbst? Man wird sehen! Spätestens im nächsten September, wenn die Unruhe wieder kommt. Da werden Ver-stand und Gefühl wohl einen harten Kampf miteinan-der auszufechten haben.

Folgende Quellen wurden für die Sachinformationen genutzt:

- Kungsleden, Wanderführer von Claes Grundsten, 2. Auflage 2016

- Erzählung vom Leben der Lappen von Johan Turi, überliefert von Emilie Demant

- Nordland, herausgegeben von H.U. Schwaar im Waldgut

- Herrarna satte oss hit, Elin Anna Labba, Norstedts Verlag

- Gäst hos Samerna, Hugh Beach, Carlssons Verlag

- Indigene Völker Europas: Die Sami, bedrohte Kultur in Lappland, http://www.gfbv.it/3dossier/eu-min/sami.html, herausgegeben von Anna Stüssi

Zeitfracht Medien GmbH
Ferdinand-Jühlke-Straße 7
99095 Erfurt, Deutschland
produktsicherheit@kolibri360.de